복 있는 사람

오직 여호와의 율법을 즐거워하여 그 율법을 주야로 묵상하는 자로다.
저는 시냇가에 심은 나무가 시절을 좇아 과실을 맺으며 그 잎사귀가 마르지 아니함 같으니
그 행사가 다 형통하리로다. (시편 1:2-3)

루터의 『소교리문답』은 종교개혁의 복음적 성경 원리에 따라 "성경을 성경으로" 읽을 수 있도록 돕는 가장 잘 요약된 형식의 지침서다. 이 책은 종교개혁을 가능하게 했던 기독교 신앙의 본질, 특히 평신도들이 알아야 할 근본적 가르침이 무엇인지를 분명하게 밝혀 주고 있다.

그동안 다양한 신앙 교육 문답서들이 만들어지고 사용되어 왔지만, 루터의 『소교리문답』과 같이 500년에 걸쳐 한결같이 사용되며, 시간이 지날수록 고전적이고 영속적인 가치를 인정받고 있는 문답서는 없다. 이 역사 자체가 『소교리문답』의 가치를 증거한다. 전 세계에 다양한 루터교회들이 존재하지만, 루터교회로서의 정체성을 공통으로 인정하는 최소한의 신앙고백서가 바로 이 책 『소교리문답』이고, 수많은 교파의 벽을 넘어 개신교 신학의 정수를 담은 책으로 널리 소개되고 있다.

이번에 옮긴이의 수고로 깔끔하게 번역된 『소교리문답』 본문과 권위 있는 역본에 근거한 적절한 해설이 출판된 것을 참으로 감사하게 생각한다. 루터 자신이 늘 하루를 시작하기 전 묵상하며 영감을 얻었던 이 책이, 종교개혁 신앙의 역동성을 새롭게 체험하기 원하는 한국교회의 모든 그리스도인에게 풍부한 영감을 제공하기를 바란다.

박일영 전 루터대학교 총장

마르틴 루터의 『대교리문답』에 이어 『소교리문답』까지 우리말로 번역되어 출간된 것을 진심으로 축하한다. 루터의 신학이 유난히도 척박한 이 땅에 두 책이 그의 종교개혁 정신과 가르침을 대중에게 널리 전하는 채널이 되었으면 좋겠다. 『소교리문답』은 개신교 최초의 교리문답서라는 점에서 독특한 가치가 있을 뿐 아니라, 이후에 이어지는 개신교 교리문답의 기본 틀과 내용을 형성하는 데 중대한 영향을 미친 작품이다. 다섯 가지 주제 아래 기독교의 진리를 신학의 상아탑에서 쓰는 언어가 아니라, 어린아이들과 교육을 받지 못한 이들도 이해할 수 있는 시장의 언어로 쉽게 전한 것이 이 책이 오랜 세월 대중에게 사랑받는 이유이며 비결일 것이다. 평이한 언어로 중요한 복음의 진리를 효과적으로 전달한 것이 이 책의 묘미이며, 그래서 루터가 소망한 대로 모든 그리스도인에게 신앙의 길라잡이가 될 만한 가치가 있다.

박영돈 고려신학대학원 교의학 교수

작년에 종교개혁 500주년을 맞이하며 『대교리문답』이 출간되었고, 이번에 종교개혁 500주년을 떠나보내며 『소교리문답』이 나왔다. 『소교리문답』은 『대교리문답』에 비해 내용이 단순하고 문체도 간결하지만, 성경과 사도적 전통이 가르치는 바를 정확하게 짚어가면서 그 가르침의 무게와 깊이도 잃지 않고 있다.

루터는 기독교 진리에 무지한 이들이 이 문답서를 통해 복음의 원리를 바로 알기를 원하였다. 또한 목회자들에게는 그 진리를 깊이 알고 바르게 가르치며 그 원리에 따라 살 것을 촉구하였다. 이 문답서 전체를 읽으면서 깨닫는 바는, '우리가 땅 위에서 정처 없는 나그네로 살지 않고 하나님 나라의 백성이 되어 그리스도와 동행하며 사는 것이 얼마나 큰 은혜이며 놀라운 영광인가'라는 사실이다.

이런 의미에서 본 문답서는 아직 영적으로 계몽되지 못한 이들을 위한 기독교 교리의 친절한 몽학선생이면서, 장성한 분량에 이른 이들을 진리의 깊은 강물과 은혜의 넓은 바다로 인도하는 선한 안내자다. 무엇보다, 복음의 진리를 가지고 있으면서도 그것을 바르게 가르치지 못하고 그것에 따라 옳게 살지 못하는 무지하고 영적으로 우둔한 우리 모두를 깨우는 강력한 각성제다.

전광식 고신대학교 전 총장, 현 신학과 교수

어거스틴은 시간이 무엇이냐고 묻기 전까지는 시간에 대해서 아는 듯하지만 질문이 제기되는 순간 시간을 규정할 말이 없다는 사실을 깨닫는다고 말했다. 믿음 또한 마찬가지다. 잘 믿는 것처럼 여기지만 믿음이 뭐냐고 묻는 순간 그 실체가 파악되지 않는다. 루터 신학의 정수를 담고 있는 『소교리문답』은 우리 신앙의 고갱이를 드러내기 위해 질문이라는 방식을 동원한다. 진리는 질문하는 이들에게만 모습을 드러내기 때문이다. 루터가 제시한 대답은 간명하지만 우리가 어긋나지 않도록 해주는 준거점 역할을 톡톡히 하고 있다. 모호한 삶을 살아가면서 그 간명한 대답을 복잡화할 능력을 기르는 것은 우리 모두의 과제다.

김기석 청파교회 담임목사

마르틴 루터의 『소교리문답』이 새롭게 출간되어 매우 기쁘다. 루터는 종교개혁 이후 지역 교회들을 순회하면서 목사와 설교자들에게 신자들을 향한 신앙 교육의 중요성을 강조하였다. 사실 루터가 독일어로 성경을 번역하기 이전 자국어로 된 성경을 읽어 볼 수 없었던 수많은 신자들에게, 성경말씀을 압축하여 문답 형식으로 쉽게 교재를 만들어 보급하는 일은 매우 중요하였다. 그러한 가운데 루터는 『대교리문답』을 통해 교역자와 신자들에게 보다 정밀하고 세심한 신앙 지식을 가르치도록 인도하고자 했고, 『소교리문답』을 통해 신자들이 일반 가정에서 어른 아이 할 것 없이 함께 모여 신앙 지식을 배우고 공부할 수 있도록 도왔다. 개신교회의 최대의 장점은 '가르치는 교회'*ecclesia docens*가 아닌가 싶다. 이번에 출간된 루터의 『소교리문답』이 가르치는 교회로서 한국교회의 내면을 성숙시키는 데 크게 기여하기를 바란다.

김주한 한신대학교 신학대학원장, 역사신학 교수

마르틴 루터의 교리문답서는 실로 작은 책이다. 동전 몇 개면 살 수 있지만 육천 개의 세상도 그 값에 견줄 수 없다. 루터와 그의 공동체가 세상에 아무 유익도 주지 않고 오직 이것만 알렸다고 할지라도, 지구상의 모든 대학과 신학교보다 더 큰 일을 한 것이나 다름없다.

유스투스 요나스 루터의 동료이자 16세기 종교개혁자

마르틴 루터의 교리문답서는 어떤 정치적 슬로건도, 루터교인들만의 전유물도 아니다. 이것은 모든 그리스도인의 심장을 드러내 보여준다. 십계명을 통해 자신의 질병을, 신조를 통해 위대한 의사를, 주기도에서는 치료제를 찾는 필사적인 외침을, 세례와 성만찬과 참회를 통해서는 그 약이 어떤 것인지 구체적으로 보여준다. 그리스도인의 삶에서 이것 이상 필요한 것은 없다.

티모시 웽거트 필라델피아 루터교신학교 명예교수

마르틴 루터

소교리문답·해설

Martin Luther

Der Kleine Katechismus

마르틴 루터

소교리문답·해설

마르틴 루터 지음 | 최주훈 옮김

복 있는 사람

마르틴 루터 소교리문답·해설

2018년 8월 29일 초판 1쇄 발행
2024년 2월 28일 초판 4쇄 발행

지은이 마르틴 루터
옮긴이 최주훈
펴낸이 박종현

(주) 복 있는 사람
주소 서울특별시 마포구 연남동 246-21 (성미산로23길 26-6)
전화 02-723-7183 (편집), 7734 (영업·마케팅)
팩스 02-723-7184
이메일 hismessage@naver.com
등록 1998년 1월 19일 제1-2280호

ISBN 979-11-7083-113-6 03230

이 도서의 국립중앙도서관 출판예정도서목록(CIP)은
서지정보유통지원시스템 홈페이지(http://seoji.nl.go.kr)와 국가자료공동목록시스템
(http://www.nl.go.kr/kolisnet)에서 이용하실 수 있습니다. (CIP 제어번호: 2018024901)

Der Kleine Katechismus
by Martin Luther

Originally published in 1529 in German under the title
Der Kleine Katechismus by Martin Luther
All rights reserved.

This Korean translation edition ⓒ 2018 by The Blessed People Publishing Inc.,
Seoul, Republic of Korea.

이 한국어판의 저작권은 (주) 복 있는 사람에 있습니다.
신저작권법에 의하여 한국 내에서 보호받는 저작물이므로 무단 전재와 무단 복제를 금합니다.

차례 ———

해설의 글

지금으로부터 500년 전 일이다. 정확하게 1529년 한 권의 책이 어느 작은 동네에서 인쇄되어 나올 때, 그 누구도 이 작은 책이 만들어 낼 위대한 역사를 예상하지 못했다. 저자의 명성이나 지적 수준을 고려해 볼 때, 이 책은 누가 보아도 초라하기 그지없었다. 명성 있는 신학자들처럼 자기 지식을 은근히 뽐내려는 기색은 전혀 찾아볼 수 없었다. 그렇게 단순하고 소박하게 보임에도 불구하고 평민들이 거리와 시장에서 사용하는 일상어를 사용하여 기독교 신앙의 진수를 오롯이 담고 있었으니, 이 책의 이름은 종교 개혁자 마르틴 루터의 『소교리문답』*Der Kleine Katechismus* 이다.

통상 '교리문답'으로 번역되는 독일어 'Katechismus'

는 라틴어 'catechismus'를 독일어로 표기한 것이다. 그리스어 기원형은 접두어인 'κατά'(위에서 아래로)와 'ἠχεῖν'(소리, 울림)이 결합한 합성어 'κατηχεῖν'로, 그 뜻은 '위에서 아래로 내려오는 소리'(곧 '하늘의 소리')인데, 여기서 '(백지 상태에 있는 사람에게) 가르친다'는 의미로 굳어졌다. 갈라디아서 6:6로 판단하건대, 초대교회에서 이 용어가 기독교를 소개하고 신앙을 안내하는 교육의 의미로 사용되었던 것이 분명하다. 4세기 교부인 아우구스티누스^{Aurelius Augustinus, 354-430} 역시 이런 의미를 그대로 이어서 사용한다. 그는 기독교 신앙의 전체 교리를 믿음, 소망, 사랑이라는 세 가지 주제로 엮은 그의 저서 『엔키리디온』^{Enchiridion}을 이런 의미에서 위에서 아래로 내려온 소리, 곧 카테키스무스로 정의한다. 물론 종교개혁 이전까지의 카테키스무스를 묻고 답하는 형식의 '교리문답'이라고 하기에는 무리가 있다. 왜냐하면 루터 이전까지 이 용어는 일방적으로 설명하고 가르치는 데 방점이 있었기 때문이다. 게다가 이런 교리서들은 대부분 일반인이 아닌 신학자나 사제 그룹 같은 전문가들을 위한 것이었다.

이런 측면에서 본다면, 1529년에 출판된 루터의 카테키스무스는 분명히 다르다. 개신교 최초의 교리문답서라는 점에서도 중요한 의미가 있지만, 그보다 더 강조되어야 할 대목은 이 책의 독자가 누구인지 분명히 의식하고 글을 써

내려갔다는 점이다. 루터가 평생 초등학생처럼 이 작은 교리문답서를 공부하는 자세로 살았다고 고백하지만, 이 책은 분명 교육받지 못한 모든 이들을 위한 신앙 안내서다.

　내용은 단출하고 문장은 단순하다. 쉽고 평이하다는 것은 이 책의 최대 강점이자 매우 특별한 대목이다. 예를 들어, 루터는 평생 복음의 핵심에 대해 '죄인을 의롭다고 선언하시는 하나님'이라고 가르쳤다. 이것을 신학 용어로 '칭의론'이라고 부르는데, 루터는 칭의론이야말로 "교회가 서고 넘어지는 시금석"이라고 할 만큼 그 중요성을 역설했다. 그런데 흥미로운 사실은, 이 책에서 단 한마디도 '칭의'Rechtfertigung라는 단어를 찾아볼 수 없다는 점이다. 그럼에도 불구하고 그 안에 칭의 사상이 훌륭하게 담겨 있다. 어려운 신학 용어를 사용하지 않고 평이하고 단순한 언어로도 충분히 그 내용이 무엇인지 전달하고 복음의 진수를 전달한다. 그 때문에 이 책은 누구에게나 신앙의 핵심 가르침을 교육하기에 합당한 명실상부한 '신앙 안내서'라고 할 수 있다.

역사

이 책이 1529년에 출판되었지만 갑작스레 만들어진 것은 아니다. 약 10여 년 이상 거슬러 올라간다. 종교개혁의 불

길이 타오르기도 전인 1516년 여름부터 이듬해 2월까지, 루터는 비텐베르크 주민들을 위해 절기마다 교리 설교를 한 일이 있다. 그리고 1517년 사순절 기간 동안 주기도 설교를 하게 된다. 이듬해 루터의 동료인 요하네스 아그리콜라Johannes Agricola, 1494-1566가 이 설교들을 모아 출판했지만, 그 것은 루터가 볼 때 그리 만족할 만한 수준이 아니었다.

1520년 루터는 직접 십계명과 주기도에 관한 이전 설교와 글들을 모은 다음, 거기에 신조에 관한 글을 첨부하여 요약된 형태로 출판하게 된다.[1] 이 작은 책은 이제껏 내려오던 방식의 교리 서적과 확연히 달랐다. 신조만 하더라도 이전까지는 열두 사도들의 진술을 모아 놓은 것으로 가르치면서 열두 항목으로 나누어 설명하는 방식이었지만, 루터는 이를 거부하고 좀 더 단순한 방식으로 풀어냈다. 루터는 신조를 사도들의 신앙 진술을 모아 놓은 것으로 이해하지 않았고, 삼위일체 하나님에 대한 교회의 전통적 신앙고백으로 이해했다. 그 때문에 신조를 열두 항목이 아니라 성부, 성자, 성령(교회) 세 부분으로 나누어 가르친다. 주기도의 경우에는 다루고 있는 대부분의 내용이 1522년『작

---

1   "Eine kurze Form der Zehn Gebote, eine kurze Form des Glaubens, eine kurze Form des Vaterunsers", in: WA 7, 204-229.

은 기도서』로 출판되었던 내용인데,[2] 이 작은 소책자만 하더라도 지금까지 수백 년 동안 평신도들의 사랑을 받고 있다. 1523년이 되자 루터는 십계명, 신조, 주기도라는 기본 뼈대에 성례전(세례와 성만찬)을 추가하여 시리즈 설교를 하게 된다.

이처럼 루터가 교회 내부의 신앙 교육에 관심을 집중하게 된 것은 그의 정치적 상황과도 맞닿아 있다. 1517년 '95개조 논제' 이후 로마 교회와 루터와의 갈등과 대립은 1520-21년 절정에 달하게 된다. 교황으로부터 파문장을 받고 구원받지 못할 자로 낙인찍히고, 곧바로 이어진 '보름스 제국 의회'(1521)에서 공민권 박탈까지 선고되자, 그의 정치적 입지는 극도로 좁아지게 된다. 그러나 이런 상황은 오히려 루터의 관심을 교회 공동체 내부로 돌리게 되는 전기가 된다. 이제 그의 관심은 세대를 초월한 기독교 신앙 교육에 초점이 맞춰지기 시작한다. 하지만 그에게 맡겨진 과중한 직무들은 그를 한자리에 앉아 기독교 신앙의 정수들을 한데 정리하도록 내버려두지 않았다. 그 때문에 이런 일을 동료인 유스투스 요나스 Justus Jonas der Ältere, 1493-1555 와 요하네스 아그리콜라에게 위임하지만, 얼마 지나지 않아

---

2   "Betbücherlei", in: WA 10/II, 395-407.

이들이 다른 지역의 개혁을 위해 비텐베르크를 떠나야 할 상황이 오면서 이 모든 일을 자신이 직접 수행하기로 결심하게 된다.

하지만 1525년 곧바로 이 일을 실행에 옮기지는 않았는데, 그의 훌륭한 동료인 요하네스 부겐하겐Johannes Bugenhagen, 1485-1558이 평신도를 위한 작은 교리서를 출판했기 때문이다.3 부겐하겐의 글은 루터가 볼 때도 손댈 곳이 없을 만큼 훌륭했고, 특히 성례전에 관한 문제는 '신학적'으로 그지없이 만족스러웠다.

1528년은 루터의 교리문답서가 탄생하는 데 결정적인 해가 된다. 이미 1525년 이후로 개신교회에 속한 교구의 참혹한 현실을 눈과 귀로 듣고 있던 루터는, 1528년 공식적으로 시찰단을 꾸려 비텐베르크와 데사우 지역을 암행 감찰하게 된다. 거기서 목격한 것은 복음의 자유를 오용하고 있는 교회의 현실, 게으르고 나태한 목회자들, 기독교 신앙에 대해 기초도 알지 못하고 생활하고 있는 성도들의 모습이었다. 목회자가 무지하니 일반 신자의 수준은 말할 것도 없었고, 규모 없이 낭비되거나 방치되어 있는 교회

---

3   Johannes Bugenhagenn, "Wider den neuen Irrtum bei dem Sakrament des Leibs und Bluts unseres Herrn Jesu Christi", 재인용: Hans Hermann Holfelder, *Bugenhagen*, in: Gerhard Krause / Gerhard Müller(Hrsg.): *Theologische Realenzyklopädie* Band VII.(Berlin / New York, 1981), 357.

재산과 직무 남용은 차마 교회 공동체라고 부르기 민망할 정도였다. 때마침 비텐베르크의 목사였던 부겐하겐이 함부르크와 브라운슈바이크의 개혁을 돕기 위해 그곳을 떠나게 되자, 설교와 교육의 직무가 고스란히 루터에게 넘어가게 되었다. 개신교 진영에서 벌어지고 있는 뼈아픈 현실을 목도한 루터는 교회 절기를 이용하여 교리를 주제로 일종의 시리즈 설교를 하게 되는데, 1528년 5월, 8월, 12월 저녁 기도회에서 했던 설교가 바로 그것이다. 이것이 후에 다듬어져 이듬해 『대교리문답』^{Der Große Katechismus} 으로 출판되어 나오게 된다.

루터는 1528년 말부터 1529년 초까지 『대교리문답』 작업을 하면서 그동안 해왔던 교리 설교들을 단순화하고 문구를 최대한 다듬는 작업에 돌입하게 되고, 이 작업은 1529년 1월 『소교리문답』 출판으로 그 결실을 보게 된다.[4] 교리문답서의 가장 기본 토대가 되는 십계명, 신조, 주기도 작업은 완료가 되어 곧장 인쇄에 들어갔다. 다만 이때 나온 인쇄물은 책자 형식이 아니라 벽에 붙이거나 걸어서 누구라도 볼 수 있는 한 장짜리 괘도 형식이었는데, 공개

---

4 『소교리문답』의 출간 시기는 분명하지만 『대교리문답』의 경우는 명확하지 않다. 두 책이 거의 같은 시기에 출간된 것으로 알려져 있지만, 둘 중 어떤 책이 먼저 인쇄되었는지는 정확히 밝혀지지 않았다. 그 때문에 학계에서는 통상적으로 두 책 모두를 '개신교 최초의 교리 문답서'로 받아들인다.

적인 장소에서 누구나 쉽게 볼 수 있도록 하는 데 목적이 있었다. 1월까지만 해도 세례와 성만찬 부분은 아직 완성되지 못한 상태였다. 물론 다섯 주제를 모두 함께 출판하는 것을 계획했지만 루터의 건강이 이를 허락하지 않았고, 그 후 두 달이 지난 3월이 되어서야 세례와 성만찬 부분도 패도 형식으로 인쇄가 가능하게 되었다. 그로부터 또다시 두 달이 지나 5월에 이르러 마침내 완성된 소책자 형태의 교리문답서가 세상의 빛을 보게 되었다.

1529년 5월 비텐베르크판 『소교리문답』에는 그해 1월과 3월에 인쇄된 다섯 가지 대주제에 덧붙여 루터의 서문이 들어가고, 부수적으로 '아침기도와 저녁기도' 예문, 세 가지 소명의 자리인 가정·국가·교회에서 지켜야 할 일을 가르치기 위해 모아 놓은 성경구절인 '의무표'^{Haustafel, Table of Duty}가 함께 묶여 출판되었다.[5]

개신교 최초의 교리문답서로 알려진 이 작은 책에는 기독교 신앙의 모든 것이 한데 요약되어 있다. 그 때문에

---

5 대부분의 『소교리문답』 출판물에는 '교육받지 못한 목사들을 위한 간략한 결혼 예식서'(Ein Traubüchlein für einfältigen Pfarrherrn)와 '세례 예식서'가 1529년 초기부터 별첨으로 묶여 있기도 하다. '일치서'라고 불리는 『루터교 신앙고백서』(Koncordienbuch, 1580) 일부 사본에도 이 예식서들이 들어 있다. 세례 예식서의 경우에는 『소교리문답』이 만들어지기 훨씬 이전인 1523년 루터의 저술이고, 결혼 예식서는 1529년 저술이다. 그 때문에 통상 루터의 『소교리문답』을 다룰 때는 이 예식서들은 제외하곤 한다. 이 짧은 예식서들은 이미 한국어로 번역·출간되었다. 마르틴 루터, 『루터전집 53: 예식과 찬송』, 나형석 역(서울: 컨콜디아사, 2017), 138–141, 144–149.

1529년 초판 인쇄 이후, 『소교리문답』이라는 책 제목 앞에는 언제나 '핸드북' 또는 '신앙 안내서'라는 뜻의 '엔키리디온'Enchiridion이라는 제목이 가장 앞에 붙어 나오곤 한다. 루터는 이 책이 모든 신앙인의 길라잡이가 되기를 바랐고, 그의 소망대로 지난 500년간 가정과 교회와 학교에서 가장 중요한 종교 교육 교재로 사용되었다. 루터파가 지배적인 유럽 국가에서 여전히 청소년들의 공교육 시스템에서 교육 교재로 쓰이고 있을 정도이니, 그 가치는 오늘날에도 여전히 유효하다고 할 수 있다. 앞서 암시되었듯이, 루터의 『소교리문답』은 단순히 루터파만을 위한 교리서가 아니다. 그동안 그리스도인이라면 누구에게나 그 가치를 인정받아 왔고 교파를 막론하고 영감을 주었는데, 루터파가 아닌 개혁파의 교리서나 신앙고백 문서들이 이 책을 모델로 만들어졌다는 사실이 그것을 방증한다.

목표

이 신앙 안내서의 목표는 분명하다. 각 주제의 부제로 붙어 있듯, '가장이 가족에게 쉽게 가르치기 위한 것'이다. 루터의 생각에 가정은 언제나 하나님 창조 세계의 가장 기초 단위에 속한다. 가정 없이 국가나 교회는 존재할 수 없다.

그럼에도 불구하고 중세 시대까지 가정과 가정에서의 신앙 교육은 무시되어 왔다. 그러나 루터는 성경을 통해 가정의 가치와 중요성을 발견했고, 바로 그곳에서 성경이 가르치는 유익을 누리기를 소망했다. 루터에게 가정은 하나님이 우리를 부르신 소명의 자리이고, 가장 작은 교회 공동체다. 가정에서 부모는 목회자인 동시에 교사가 된다. 기독교적으로 가치 있는 일을 하고, 악에 대항하기 위해 무언가를 시작해야 한다면, 그것은 무엇보다 가정에서부터 시작해야 한다. 이것이 바로 『소교리문답』에 숨겨진 가정교육의 중요성이다.

이처럼 가정교육이 중요하게 부각된 이유는 교회사적으로도 고려할 만하다. 예수님의 승천과 함께 제자들에게 주어진 주님의 지상 명령[마 28:19-20]은 세례와 교육이 기독교의 초석이 되었다는 것을 확증하고 있다. 실제로 초대교회 때만 하더라도 세례를 받는다는 것은 자기의 모든 삶의 방향을 전폭적으로 돌려세우겠다는 결단과 회심의 결과였다. 이를 위해 교육은 필수적이었다. 그러나 4세기 콘스탄티누스 대제[Constantinus the Great, 272-337]의 기독교 공인(313)으로 인해 세례는 더 이상 생명을 건 모험이 아니었다. 그 후로도 로마 제국을 무너뜨린 바바리안족이 대거 기독교로 개종하면서 세례는 일종의 통과의례 정도로 바뀌었고, 이에 따라 세례 교육의 가치와 의미는 완전히 퇴색하기에 이르렀다. 기독교가 소수 종교에서 다수 종교로, 위험한 종교에서 국가 종교로 득세하면서 기독교 신앙 교육은 일반인들에게 그리 절실하지 않게 되었다. 상황이 이렇게 급변하다 보니, 신앙에 대한 교육은 단지 특정한 사제 그룹이나 전문가들에게만 필요할 정도로 변질되어 버렸다. 이것이 중세 교회의 전반적인 상황이었다.

이런 세태 속에서 교회는 일반인들에게 교리 교육을 정기적으로 시킬 교육책을 만들게 되는데, 그것이 바로 일년에 한두 번 정기적으로 참례하도록 규정된 고해성사를 이용하는 것이다. 중세 교회는 고해성사를 하기 위해서 자신의 죄가 무엇인지 알기 위해 일종의 문답 목록을 통해 자신을 돌아보게 만들고, 그 죄목을 가지고 고해소로 들어오게 규정했다. 루터 당시만 하더라도 가장 인기 있던 문답서는 디트리히 콜데^{Dietrich Kolde, 1435-1515}의 『그리스도인의 거울』^{Der Christenspiegel, 1470}이었다.[6] 여기에는 십계명, 신조, 주기도와 더불어 아베 마리아가 첨부되어 있었다. 고해성사에 나온 신자들은 이 책을 보면서 십계명, 신조, 주기도를

---

6   참조. Dietrich Kolde. *A Fruitful Mirror, or Small handbook for Christians*. in: Denis Janz. ed., *Three Reformation Catechism: Catholic, Anababtist, Lutheran*(Lewiston, NY: Edwin Mellen Press, 1982), 29-130.

통해 자신의 죄를 돌아보며 통회하고, 아베 마리아를 통해
죄 용서를 구하는 식으로 고해 기도를 했다.

이에 반해, 루터의 교리문답서는 이런 식으로 죄의식을
극대화시키는 방식에는 전혀 관심이 없다. 루터는 오직 성
서 전체에 담겨 있는 율법과 복음의 관계를 청소년과 일반
신자들에게 풀어내는 데 역점을 두고 있다. 이것은 종교개
혁의 핵심 주제와 연결되는데, 가령 십계명 제1계명 해설
을 통해 '오직 믿음'의 종교개혁 원리를 드러낸 것이 좋은
예다. 또한 『대교리문답』과 마찬가지로 십계명은 인간이
지켜야 할 하나님의 말씀이지만 우리 힘으로는 절대 지킬
수 없음을 가르치고, 그럼에도 불구하고 신조와 주기도가
이런 불가능을 가능하게 하는 치료제가 됨을 제시하고, 세
례와 성만찬은 그런 신앙의 힘이 보이는 말씀으로 우리에
게 주어져 있음을 확인시켜 주는 방식으로 율법과 복음의
관계를 설명해 준다.

이 다섯 대주제 외에도 소주제들이 편집되어 첨부되곤
했는데, 예를 들어 '열쇠의 직무와 참회'는 1529년 비텐베
르크 초판에는 세례 부분에 아주 짧은 문장으로 수록되었
지만, 1531년 증보판부터는 좀 더 긴 분량으로 확장되었
다(본서에 실린 것은 1531년 증보판 본문이다). 그 외에 '아침
기도와 저녁기도', '식사 전후 기도', '의무표'도 『소교리문

답』에 실려 있는데, 이것들은 실생활에서 신앙의 연습을
위한 구체적인 용례로 제시되는 첨부자료다. 루터가 이렇
게 부가 항목을 함께 실어 놓은 이유는, 신앙이란 단순히
머리에서 헛도는 공허한 말장난이 아니라 삶의 구체적·습
관적 원리가 되어야 한다는 것을 강조하기 위함이다.

판본

루터의 『소교리문답』은 1529년 출판 즉시 곧바로 라틴어
로 번역되어 학교 교재로 사용되었고, 곧이어 1531년 증
보판은 북유럽과 남유럽 가릴 것 없이 각 지방 언어로 번
역되어 날개 돋친 듯 전파되었다.[7] 영국 성공회의 기틀을
다진 토마스 크랜머[Thomas Cranmer, 1489-1556]의 영어판뿐 아니라
발틱, 스웨덴, 스페인, 폴란드, 슬로베니아, 체코, 덴마크, 에
스토니아, 핀란드, 리투아니아, 라트비아, 아이슬란드, 프랑
스, 러시아, 세르비아어로 번역되어 전 유럽으로 퍼졌고, 18
세기에는 아랍어로 번역되어 중동으로, 1843년에는 중국
어, 그로부터 백 년 후에는 일본, 인도네시아, 한국어로 번
역되어 전 세계 종교 교육의 지도를 바꾸어 놓았다.

---

7   현존하는 비텐베르크 초판(1529)은 오직 저지대 독일어(Niederdeutsch)로 인쇄된 '아침
기도와 저녁기도' 본문만 남아 있다.

이 책은 가정과 교회와 학교에서 교육하기 위해 만든 신앙 안내서이지만, 기본적으로 가정교육 곧 부모가 자녀를 가르치기 위한 목적으로 만들어졌다. 그 때문에 루터는 이 책의 서문에서 『소교리문답』을 암기하도록 권면하고 있다. 실제로 아이들의 경우, 견신을 받기 위해서는 이것을 통째로 암기하는 과정을 통과해야 했다.

물론 무조건 암기만 하라는 것은 아니다. 이런 암기 교육을 위해서 필수적인 것은 각 구절과 어구에 덧붙여지는 교육자의 '해설'이다. 이 해설은 각각의 교육 현장 상황에 따라 다양할 수밖에 없다. 그 때문에 16세기 당시 교회 현장에서 『소교리문답 해설서』가 다양하게 만들어졌는데, 문답의 종류도 보다 다양해지고 거기에 증빙 성경구절이 다듬어지기 시작했다. 1531년 증보판에서부터 문답에 관한 증빙을 위해 성경구절이 등장했고, 이 성구들은 편집자들에 의해 더욱 다양하게 확장되었다. 대표적인 편집자로는 안드레아 오시안더[Andrea Osiander, 1498-1552], 콘라드 디터리히[Konrad Dieterich, 1575-1639], 빌헬름 뢰헤[Wilhelm Löhe, 1808-1872], 조셉 스텀프[Joseph Stump, 1866-1935] 등이 꼽힌다. 특이한 경우는 한 명의 편집자가 해설서를 내지 않고 신학자 집단이 공동 작업을 하는 경우다. 1862년 4월 14일 출판된 독일 하노버판이 이에 해당하는데, 19세기 이래로 가장 유명한 해설서로 꼽힌다.[8] 당시 하노버 정부는 교회와 학교에서 사용하기 위한 교재를 주교회Landeskirche에 의뢰하게 되는데, 이 해설서가 하노버를 넘어 독일 전체에 퍼지게 되었고, 유럽 대륙을 넘어 미국까지 영향을 미치게 된다. 국내에서 출판된 지원용의 『말틴 루터 소교리문답서 해설』(서울: 컨콜디아사, 1960, 이하 지원용판) 서문을 보면, 한국판이 1943년 미국판*Luther's Small Catechism*, Saint Louis: CPH, 1943을 따르고 있다고 밝히고 있지만, 실제로는 미국판 역시 하노버판을 원형으로 삼고 있다. 그러니 결국 지원용판 역시 그 기원은 동일하게 하노버판으로 거슬러 올라간다. 루터의 『소교리문답 해설서』는 언제나 교회 공동체의 현실에 맞게 변형하여 발전해 왔다.

본서 역시 이와 같은 원리에 따라 하노버판을 기준으로 한국의 상황에 맞게 변형하여 엮었다. 크게 두 부분을 나누어 1부에서는 루터의 『소교리문답』 원문을 번역하고, 2부에서는 '신앙의 대화'라는 제목으로 『소교리문답』의 각 문항에 대한 해설을 문답식으로 엮었다. 각 문답과 성구는 하노버판과 지원용판을 기본으로 하되 첨삭하여 편집하였다. 이전 판에 전혀 없던 부분은, 2부에서 각 주제가 시작

---

8   *Dr. Martin Luthers kleiner Katechismus mit Erklärung: für die evangelisch-lutherischen Kirchen und Schulen des Königreichs Hannover eingeführt durch Königliche Verordnung vom 14. April 1862*(Lüneburg: Stern, 1862).

할 때 기도문을 넣었고, 성구 참조와 더불어 각 문답과 관련 있는 『대교리문답』[9] 본문을 발췌하여 실었다는 점이다.

옮긴이로서 이 책에 대한 이야깃거리가 많지만 독자들에게 짧게 한 가지를 구하고 줄인다. 루터의 『소교리문답』은 소위 "평신도의 성경"이라고 불릴 정도로 기독교 신앙을 쉽게 풀이한 책으로, 지난 500년 동안 의심의 여지 없이 모든 그리스도인에게 사랑받아 왔다. 그렇게 사랑받아 온 이유는 단 하나다. 평이하고 단출하지만 그 안에 담긴 내용은 교파와 역사를 초월하는 말씀의 진리가 담겨 있기 때문이다. 신앙의 기본이 흔들리고 교회의 위기가 닥치는 것은 언제나 말씀의 부재로부터 기인한다. 부디 이 책을 통해 성경을 가까이 하고, 신앙의 뼈대를 세우며, 말씀 안에 담긴 깊은 감동을 교회 공동체가 함께 만끽하기를 바란다.

최주훈

---

9 마르틴 루터, 『마르틴 루터 대교리문답』, 최주훈 역(서울: 복 있는 사람, 2017).

일러두기

모든 주는 신학적 해설이 포함된 옮긴이의 주이다.

제1부

마르틴 루터 소교리문답

마르틴 루터 서문

교육받지 못한 목사와 설교자들을 위하여

신실하고 경건한 모든 목사와 설교자에게 인사드립니다. 우리 주 예수 그리스도로부터 오는 은혜와 자비와 평강이 함께하기를 바랍니다.

그리스도교의 가르침이 담긴 교리문답서를 아주 짧고 간명하게 펴냅니다. 시찰단과 함께 교구들을 돌아보며 목격한 비참하고 가슴 아픈 상황이 저로 하여금 이 책을 쓰도록 압박했습니다.[1] 오, 사랑의 하나님, 제가 보았던 이 비탄의 상황을 보소서! 동네마다 배우지 못한 사람들, 그리

---

1   루터는 1525년부터 교회 현장을 시찰하기 시작했는데, 집중적인 교구 시찰이 있던 1527-28년에 현장 상황을 면밀히 검토했다(WA, Br 4,597/LW 49, 213-14). 참조. 마르틴 루터, 『마르틴 루터 대교리문답』, 최주훈 역(서울: 복 있는 사람, 2017), 10-22.

스도교의 가르침이 무엇인지 전혀 알지 못하는 이들이 여기저기 가득했고, 상황이 이러한데도 목사들 대부분은 무능하고 가르칠 능력이 없었습니다. 그럼에도 사람들은 모두 자신을 그리스도인이라고 자처합니다. 그러면서 "나는 세례 받았고 성찬에도 참례한다"고 말합니다. 하지만 십계명, 신조, 주기도가 무엇인지 전혀 알지 못한 채 소나 돼지처럼 생각 없이 살아갑니다. 상황이 이렇다 보니, 복음이 들어온 곳조차 복음의 자유를 처참히 오용하고 있습니다.

오, 주교들이여! 맡겨진 공적 직무는 거들떠보지도 않으면서 백성들을 그토록 수치스럽고 더럽게 만들어 버리다니, 그리스도 앞에서 어찌 책임지려 합니까? 이 죄에 대한 심판을 피하지 못할지어다! 당신들은 손수 고안한 교회법을 들이밀며 성만찬 때 떡만 주도록 명령했지만, 정작 중요한 십계명, 신조, 주기도, 그리고 하나님의 말씀이 무엇인지에 대해서는 단 한 번도 묻지 않았습니다. 아, 이런 행태를 일일이 열거하자니 목만 아픕니다.

사랑하는 군주와 동료, 목사와 설교자들이여! 하나님의 뜻을 구하며 간절히 기도합니다. 당신들에게 맡겨진 공적 직무를 가슴 깊이 새기십시오. 당신들에게 맡겨진 백성을 불쌍히 여기고, 이 교리문답을 사람들과 함께 나누기 바랍니다. 특히 젊은이들이 이것을 익힐 수 있도록 도와주기 바랍니다. 잘 가르칠 수 없거든 괘도를 만들어 내용을 적고 그것을 또박또박 읽도록 하십시오. 다음과 같은 방법으로 하면 됩니다.

첫째, 목사가 십계명, 신조, 주기도, 성만찬 같은 주제를 가르칠 때는, 여러 교재를 쓰거나 매번 다른 요약본으로 가르치는 것을 피해야 합니다.[2] 이것은 무엇보다 중요합니다. 하나의 교재나 요약본을 택하여 사람들이 그것을 암송할 때까지 매년 반복해서 가르쳐야 합니다. 이렇게 하는 이유는, 정해진 본문과 요약으로 가르치지 않았을 때, 아이들과 교육받지 못한 사람들이 제대로 이해하지 못하고 혼란스러워할 수 있기 때문입니다. 오늘 배운 것을 이듬해 똑같이 배운다면 분명 나아질 것입니다. 하지만 이렇게 하지 않았을 때, 모든 땀과 수고가 수포로 돌아가게 됩니다.

우리가 존경하는 교회의 교부들도 이러한 사실을 잘 알고 있었습니다. 그래서 그분들 역시 십계명, 신조, 주기도를 가르칠 때 동일한 방법을 사용했습니다. 우리도 아이들과 일반인들을 가르칠 때, 교부들이 했던 방법대로 단어와 구절을 바꾸지 말고 매년 반복해서 가르칩시다. 일단 원하

---

2 이 서문은 1529년 5월 책자로 출간될 때 포함된 서문인데, 1월 초판이 괘도 형식으로 출간된 이래로 유사 교본들—콜데의 교본, 아그리콜라의 교본 등—이 난립할 뿐 아니라 루터의 설교문 요약본이 시중에 나돌고 있어서 서문에서 이러한 설명을 붙이게 된다.

는 교재를 선택하고 그것을 끝까지 고수하십시오. 다만 학식을 갖춘 사람들이나 잘 이해하는 사람들에게 설교할 일이 생기면, 그때는 당신의 지식을 최대한 활용하여 다양하고 노련하게 다루시기 바랍니다. 그러나 젊은이들에게는 앞서 말씀드린 방법과 그 교재의 용어를 벗어나지 마십시오. 십계명, 신조, 주기도 같은 주제를 가르칠 때는 구절을 따라 읽게 한 다음 암송하게 해야 합니다.

배우지 않는 사람이 있으면, "당신은 그리스도를 부인하는 사람이니 그리스도인이라 할 수 없다"고 말해 주십시오. 그런 사람이라면 성찬 받을 자격도 없고, 유아세례 때 아이의 후견인이 되어서도 안 됩니다. 그리스도 안에 있는 자유를 티끌만큼도 누릴 수 없으니, 차라리 교황과 그 무리들에게 보내는 편이 낫습니다. 마귀가 그들을 인도할 것입니다. 배우지 않으려는 사람이 가정과 일터에 있다면, 부모와 주인은 이런 자에게 물 한 잔도 주지 말아야 하며, 군주라면 그런 버릇없는 놈들은 영지에서 쫓아 버리는 게 낫다고 말해 주어야 합니다.

물론 신앙은 누구도 강요할 수 없고 강요해서도 안 됩니다. 그럼에도 불구하고 배워야 한다는 사실을 꾸준히 알리고 경고해야 합니다. 이것은 어떤 것이 바른 먹거리이고 그렇지 않은 것인지 분명히 알고 살아야 하는 것과 같은 이치입니다. 어떤 도시에서 살려면 믿음 좋은 신자든 악당이든 상관없이 그 도시의 법을 알아야 하고, 그것을 지켜야 제대로 그곳에서의 삶을 즐길 수 있습니다(이와 마찬가지로 복음의 자유를 누리고 싶다면, 누구를 막론하고 반드시 배워야 합니다).

둘째, 본문의[3] 내용을 모두 암기했으면, 이제 그 뜻이 무엇인지 이해하도록 잘 설명할 수 있어야 합니다. 큰 괘도를 만들어 그 안에 내용을 적어 가르치거나, 아니면 당신이 선택한 교재에 나오는 짧고 명료한 해설을 읽어 주십시오. 본문에 있는 것 그대로, 음절 하나도 바꾸지 마십시오. 앞서 말씀드린 대로 본문을 읽고, 그다음에는 해설하는 시간을 충분히 가지십시오. 단번에 다 할 필요가 없고, 하나하나 천천히 확실하게 가르치면 됩니다. 십계명을 예로 들면, 제1계명을 제대로 이해한 다음 제2계명, 제3계명으로 넘어가야 합니다. 대충 이해하고 넘어가면 아무것도 남지 않게 됩니다.

셋째, 위와 같은 방법으로 『소교리문답』을 다 가르쳤다면, 이제 『대교리문답』을 이용한 보다 넓고 깊은 이해로 사람들을 인도하십시오. 거기 나온 계명과 간구와 거기에 덧

---

3   루터 당시(중세 말) 신앙 교육을 위한 카테키스무스는 십계명, 신조, 주기도 본문만을 뜻했다.

붙여 있는 주제에 대한 상세한 해설을 곁들이십시오. 각 항목들의 활용법과 유익, 그리고 이것을 지키지 않았을 때 따라오는 위험과 손해들이 여기에 모두 담겨 있습니다. 이 책은 이제껏 당신이 찾고자 했던 모든 것 이상을 제공합니다.

특히 계명이나 세부 주제를 다룰 때는 당신에게 배우는 사람들의 처지가 어떠한지 살펴 가장 적절한 것을 가르치기 바랍니다. 예를 들어, '도둑질하지 말라'는 제7계명은 수공업자와 상인, 농부와 고용된 일꾼에게 강조해야 합니다. 왜냐하면 이러한 부류의 사람들 사이에서 부정직한 일과 도둑질이 빈번하기 때문입니다. 마찬가지로 아이들과 교육받지 못한 평민들에게는 '네 부모를 공경하라'는 제4계명을 강조할 필요가 있습니다. 이 계명을 가르쳐 단정하고 충실하며 온순하게 자라게 하십시오. 그 외에도 하나님께서 복을 주시고 벌을 내리시는 성경의 많은 용례들을 찾아서 가르쳐야 합니다.

특히 당신은 정부의 권력가와 부모들을 잘 가르쳐야 합니다. 백성을 잘 다스리고 아이들을 학교에 보내도록 끊임없이 권면하십시오. 이것은 바로 그들이 짊어져야 할 의무입니다. 그렇게 하지 않을 경우 어떤 죄가 부과될지 그들에게 분명히 경고하십시오. 하나님이 맡기신 의무를 무시하는 자들이야말로 하나님과 사람들에 대항하는 극악한 원수입니다. 이런 자들이 하나님의 나라와 이 세상을 부수고 황폐하게 만듭니다. 분명히 강조하건대, 정부의 지도자와 부모의 죄는 바로 이러한 것들입니다. 아이들로 하여금 목사와 설교자를 돕지 못하게 하는 것, 글을 배우지 못하게 하는 것. 이러한 죄를 하나님은 간과하지 않고 끔찍하게 갚으실 것입니다. 지금 여기에는 이와 같은 내용의 설교가 필요합니다. 그런데 우리 부모와 정부 관리들의 죄가 얼마나 심각한지 아무도 그것을 입밖으로 내지 않습니다. 마귀는 바로 그 틈을 비집고 들어옵니다.

끝으로, 오늘날 교황의 폭정이 사라지자 성만찬에 참례하지도 않고 성례전을 우습게 여기는 사람들이 생겼습니다. 그러나 분명히 강조하건대, 성만찬은 우리에게 반드시 필요합니다. 우리는 신앙과 성례전을 누구에게도 강요해서는 안 됩니다. 성찬을 위한 법을 만들거나 시간이나 장소를 정할 필요도 없습니다. 다만 우리의 설교는 '성만찬은 누구의 명령과 상관없이 자발적이어야 한다'는 것이며, '신자들이 목사를 재촉하여 성찬을 베풀도록 해야 한다'는 것입니다. 이렇게 되기 위해서는 성찬을 멸시하는 사람들에게 다음과 같이 말해 주어야 합니다. "일 년에 최소한 네 번도 성찬을 받지 않으려는 사람은 성례전을 경멸하는 사람이고, 그리스도인도 아니다. 이들은 복음을 믿지도 들지도 않는 것이기 때문에 이런 사람을 향해 그리스도인이라고 부를 수 없다!" 이유는 분명합니다. 그리스도께서는 '이것을 하지 마라!' 혹은 '이것을 무시하라!' 하지 않으시고, 반대로 '이것을 행하라. 기회가 있을 때마다 이것을 마시라!' 하셨기[4] 때문입니다. 주님은 확실히 이렇게 행하기를 원하셨고, 귀하게 여기기를 바라셨습니다. 그런 이유로 '이것을 행하라!' 하셨던 것입니다.

성찬을 귀하게 여기지 않는 사람이라면, 그것은 분명 죄도 없고 육체도 없고 사탄도 세상도 죽음도 위험도 지옥도 없이 살고 있다는 확실한 증거일 것입니다. 하지만 이것은 사실 믿지 않는다는 것이고, 결국 머리부터 발끝까지 마귀에게 꼼짝없이 사로잡혀 있다는 뜻입니다. 그런 사람들은 하나님의 은혜, 생명, 낙원, 천국, 그리스도, 그 외에 하나님으로부터 나오는 온갖 선한 그 어떤 것이 있다 해도 덮어놓고 쓸데없다고 여깁니다. 혹여 악에 빠져 있는 자신의 모습을 깨닫고, 그런 자기에게 선한 것이 필요하다는 것을 자각한 사람이라면 이렇게 성찬을 무시할 수 있을까요? 그 누구도 율법으로 성례전을 강요해서는 안 됩니다. 그 반대가 되어야 합니다. 사람들이 스스로 떡과 잔을 달라고

---

4   고전 11:25. "식후에 또한 그와 같이 잔을 가지시고 이르시되 이 잔은 내 피로 세운 새 언약이니 이것을 행하여 마실 때 마다 나를 기념하라."

달려가 떼를 써야 하고, 그렇게 달려온 사람들에게 분찬하는 것이 마땅합니다.

그러므로 법을 앞세워 교황처럼 굴지 마십시오.[5] 다만 성례전과 같은 것들이 가진 유익과 필요와 유용함을 강조하십시오. 또한 그와 연관된 복을 강조하되, 이를 멸시할 때 오는 피해와 위험도 함께 강조해야 합니다. 그리하면 당신의 강요가 없어도 사람들이 자발적으로 찾아올 것입니다. 그렇게 했는데도 사람들이 오지 않는다면, 그냥 저들의 길을 가라고 내버려 두십시오. 그리고 그들이 마귀의 소유가 되었다는 것과 그 때문에 하나님의 도우심과 은혜에 둔감하고 무지할 수밖에 없다는 사실을 알려 주십시오. 그러나 만일 신자들이 성찬에 나오지 않는 이유가 당신이 이런 엄중한 경고를 전하지 않았거나 교회에서 법을 만들어 신자들에게 괴로운 짐을 지게 한 것 때문이라면, 그 죄의 책임은 바로 당신에게 떨어질 것입니다. 목사와 설교자인 당신이 잠들어 입 다물고 있지 않았는데, 어찌 저렇게 게으른 신자들이 나올 수 있단 말입니까?

제발 목사와 설교자들이여, 정신 차리십시오! 우리에게 맡겨진 직무는 교황 아래 있을 때와 다릅니다. 목회자의

---

5   1215년 제4차 라테란 공의회는 모든 신자들이 최소 일 년에 한 번 사제 앞에서 고백성사를 하는 것과 부활절 미사 때 성찬에 참여하도록 규정했다.

직무는 엄숙하며 거룩한 하늘의 소명입니다. 그러므로 더 많은 땀과 노력, 위험과 시련이 우리를 기다립니다. 세상에서는 보상이 적고 돌아오는 감사도 적은 직무입니다. 그러나 우리가 충심으로 성실히 행할 때, 그리스도께서 바로 우리의 보상이 되십니다.[6]

　모든 이에게 은총을 베푸시는 하나님 아버지, 우리를 도우소서. 우리 주 그리스도로부터 오는 찬양과 감사가 당신과 영원히 함께하기를 바랍니다. 아멘.

6　참조. 마 20:1 이하, 눅 17:7 이하.

1. 십계명

하나님 아버지와 우리 주 예수 그리스도로부터 오는 찬양
과 감사가 당신과 함께하기를 바랍니다. 아멘.

제 1 계명
"너는 나 외에는 다른 신들을 네게 두지 말라."

이것은 무슨 뜻입니까?

모든 것 이상으로 하나님을 두려워하고 사랑하며 신뢰하
라는 뜻입니다.

제2계명

"너는 네 하나님 여호와의 이름을 망령되게 부르지 말라."

이것은 무슨 뜻입니까?

하나님을 두려워하고 사랑하라는 뜻입니다. 우리는 하나님의 이름으로 저주하고 맹세하거나 간악한 사술을 쓰거나 거짓말하거나 속이지 말고, 대신 모든 위급한 상황에서 그분의 이름을 부르고 기도하며 찬양하고 감사해야 합니다.

제3계명

"안식일을 기억하여 거룩하게 지키라."

이것은 무슨 뜻입니까?

하나님을 두려워하고 사랑하라는 뜻입니다. 우리는 설교와 말씀을 소홀히 여기지 말고, 대신 그 말씀을 거룩히 여겨 즐겨 듣고 배워야 합니다.

제4계명

"네 부모를 공경하라."

하나님을 두려워하고 사랑하라는 뜻입니다. 우리는 부모와 윗사람을 멸시하거나 화나게 하지 말고, 대신 공경하고 섬기며 존중하고 사랑하는 마음으로 대해야 합니다.

제5계명

"살인하지 말라."

하나님을 두려워하고 사랑하라는 뜻입니다. 우리는 이웃의 몸을 상하게 하거나 근심하게 하지 말고, 대신 이웃이 살아가는 데 필요한 모든 것을 풍족히 공급받도록 도와주어야 합니다.

제6계명

"간음하지 말라."

이것은 무슨 뜻입니까?

하나님을 두려워하고 사랑하라는 뜻입니다. 우리는 정결한 말과 올곧은 행동을 해야 하고, 부부는 서로 사랑하고 존경해야 합니다.

제7계명

"도둑질하지 말라."

이것은 무슨 뜻입니까?

하나님을 두려워하고 사랑하라는 뜻입니다. 우리는 이웃의 돈과 물건을 부정한 방법으로 취하지 말고, 대신 이웃의 재물과 먹거리가 풍성해지도록 돕고 보호해야 합니다.

제8계명

"네 이웃에 대하여 거짓 증거하지 말라."

이것은 무슨 뜻입니까?

하나님을 두려워하고 사랑하라는 뜻입니다. 우리는 이웃에 대해 거짓말하고 배신하거나 뒤에서 헐뜯지 말고, 대신 선하게 감싸며 좋은 것을 말하고 귀하게 대해야 합니다.

제9계명

"네 이웃의 집을 탐내지 말라."

이것은 무슨 뜻입니까?

하나님을 두려워하고 사랑하라는 뜻입니다. 우리는 이웃의 유산 목록이나 집을 마음속에 품거나 법정 문서를 내세워 빼앗지 말고, 대신 이웃이 그러한 일을 당할 때 그의 소유를 지키고 보호해 줘야 합니다.

제10계명

"네 이웃의 아내나, 그의 남종이나 그의 여종이나, 그의 소나 그의 나귀나, 무릇 네 이웃의 소유를 탐내지 말라."

이것은 무슨 뜻입니까?

하나님을 두려워하고 사랑하라는 뜻입니다. 이웃의 아내를 유혹하거나, 그의 종을 빼돌리거나, 그의 가축을 못살게 굴지 말고, 대신 그들이 그곳에 머물러 소임을 다하도록 해야 합니다.

십계명의 마감말

십계명에 담긴 하나님의 뜻은 무엇입니까?

하나님은 이렇게 말씀하십니다. "나 네 하나님 여호와는 질투하는 하나님인즉 나를 미워하는 자의 죄를 갚되 아버지로부터 아들에게로 삼사 대까지 이르게 하거니와 나를 사랑하고 내 계명을 지키는 자에게는 천 대까지 은혜를 베푸느니라." 출 20:5-6

이것은 무슨 뜻입니까?

하나님의 계명을 지키지 않는 자들을 향한 하나님의 진노와 경고입니다. 그러므로 우리는 그분의 진노를 두려워해야 하며, 무엇이든지 계명에 어긋나는 일은 하지 말아야 합니다. 그러나 하나님은 계명을 지키는 모든 사람에게 은혜와 복을 약속하셨습니다. 그러므로 우리는 모든 것 이상으로 하나님을 사랑하고 신뢰하면서 그분의 계명을 즐거이 지킬 수 있습니다.

2. 신조[7]

가장이 가족에게 쉽게 가르쳐야 할 신조.[8]

제1조 | 창조

"전능하사 천지를 만드신 하나님 아버지를 내가 믿사오며,"

이것은 무슨 뜻입니까?

나는 믿습니다. 하나님은 나와 모든 만물을 창조하셨습니다. 하나님은 내 몸과 영혼, 눈과 귀, 몸의 모든 기관, 이성과 모든 감각을 나에게 주셨고, 지금도 돌보아 주십니다.

하나님은 입을 것과 신을 것, 먹을 것과 마실 것, 집과 뜰, 반려자와 아이, 경작할 땅과 가축, 그 밖의 모든 것을

---

7 원제는 "Der Glaube" 곧 '믿음' 또는 '신앙'이다.

8 이 문구는 이어지는 각 항목마다 반복적으로 나오는데, 그 유래는 1529년 괘도 형식의 초기 인쇄물로 거슬러 올라간다. 1531년 증보판에서 이 문장은 위의 하나님의 어린양과 루터의 문장(루터 장미)을 묘사한 별도의 표지에 배치되었다.

나에게 주셨고, 살아가는 데 필요한 모든 것을 시시때때로 풍성히 더하십니다.

이는 나의 수고나 내가 잘나서 받는 것이 아니라, 오직 하나님 아버지의 선하심과 인자하심 때문입니다. 그러므로 이 모든 것을 나에게 주신 하나님께 감사하고 찬양하며 섬기고 순종하는 것이 나의 마땅한 의무입니다.

이것은 확실한 진리입니다.

제2조 | 구원

"그 외아들 우리 주 예수 그리스도를 믿사오니, 이는 성령으로 잉태하사 동정녀 마리아에게 나시고, 본디오 빌라도에게 고난을 받으사 십자가에 못 박혀 죽으시고, 장사하여 음부에 내리신 지 사흘 만에 죽은 자 가운데서 다시 살아나시며, 하늘에 오르사 전능하신 하나님 아버지 우편에 앉아 계시다가, 저리로서 산 자와 죽은 자를 심판하러 오시리라."

이것은 무슨 뜻입니까?

나는 믿습니다. 예수 그리스도는 영원한 아버지로부터 나신 참 신입니다. 또한 그분은 처녀 마리아에게 태어난 참 인간입니다.

그분은 나의 주님이십니다. 버림받아 저주에 묶인 나를

풀어 주셨고, 모든 죄와 죽음과 마귀의 권세에서 나를 건져 그분의 것으로 만드셨습니다. 금과 은으로 하신 것이 아닙니다. 그분의 거룩하고 값진 피, 무고한 고난과 죽음이 나를 구원했습니다.

이제 비로소 나는 내가 되었고, 주님이 다스리는 나라에서 의롭고 순결하며 복되게 그분을 섬길 것입니다. 주님은 죽음에서 일어나셨고, 지금도 살아 계시며, 영원히 다스리십니다.

이것은 확실한 진리입니다.

제3조 | 성화

"성령을 믿사오며, 거룩한 공회와, 성도가 서로 교통하는 것과, 죄를 사하여 주시는 것과, 몸이 다시 사는 것과, 영원히 사는 것을 믿사옵나이다. 아멘."

이것은 무슨 뜻입니까?

나는 믿습니다. 내 이성과 힘으로는 예수 그리스도를 나의 주님으로 믿을 수 없고, 그분께 다가설 수도 없습니다. 복음으로 나를 부르신 분은 오직 거룩한 성령이십니다. 성령의 은사로 나를 밝혀 주셔서 바른 믿음 가운데 거룩하고 강건하게 지켜 주십니다.

같은 방법으로 성령께서는 땅 위의 모든 그리스도의 교회를 부르고 모으고 깨닫게 하고 거룩하게 만드시며, 그리스도 곁에서 바른 믿음, 하나 된 믿음으로 온 교회를 지켜 주십니다.

성령께서는 교회 공동체 안에서 나와 모든 신자가 매일 범하는 죄를 깨끗이 용서하시고, 종말의 때에 나와 죽어 있는 모든 자를 깨우실 것입니다. 그리하여 나와 그리스도 안에 있는 모든 신자에게 영원한 생명을 주실 것입니다.

이것은 확실한 진리입니다.

3. 주기도

가장이 가족에게 쉽게 가르쳐야 할 주기도.

"하늘에 계신 우리 아버지여, 이름이 거룩히 여김을 받으시오며, 나라가 임하시오며, 뜻이 하늘에서 이루어진 것같이 땅에서도 이루어지이다. 오늘 우리에게 일용할 양식을 주시옵고, 우리가 우리에게 죄 지은 자를 사하여 준 것같이 우리 죄를 사하여 주시옵고, 우리를 시험에 들게 하지 마시옵고, 다만 악에서 구하시옵소서. 나라와 권세와 영광이 아버지께 영원히 있사옵나이다. 아멘."

시작하는 말
"하늘에 계신 우리 아버지여,"

이것은 무슨 뜻입니까?
하나님은 이 말씀을 통해 그분이 우리의 참 아버지이시고 우리는 그분의 참 자녀임을 믿으라고 권유하십니다. 그리하여 사랑하는 아이가 사랑하는 아버지에게 하듯, 담대함과 확신을 가지고 하나님께 기도하게 하십니다.

제1기원
"이름이 거룩히 여김을 받으시오며,"

이것은 무슨 뜻입니까?

하나님의 이름은 그 자체로 거룩합니다. 그러나 우리는 이 간구를 통해 그분의 이름이 우리 가운데서 거룩하게 되기를 기도합니다.

어떻게 하나님의 이름이 우리 가운데 거룩하게 됩니까?

하나님의 말씀이 순수하고 진실하게 가르쳐지고, 하나님의 자녀인 우리가 그 말씀대로 거룩하게 살아갈 때 그분의 이름이 거룩하게 됩니다. "하늘에 계신 사랑의 아버지, 이 일을 할 수 있도록 우리를 도우소서! 그러나 누구든지 그 말씀을 다르게 전하고 말씀대로 살아가지 않는다면, 그가 바로 우리 가운데서 하나님의 이름을 더럽히는 자입니다. 하늘에 계신 아버지, 이런 일에서 우리를 지켜 주소서!"

제2기원

"나라가 임하시오며,"

이것은 무슨 뜻입니까?

우리의 기도가 없더라도 하나님의 나라는 분명히 도래합니다. 그러나 우리는 이 간구를 통해 그분의 나라가 우리 가운데 임하기를 기도합니다.

어떻게 하나님의 나라가 우리 가운데 임합니까?

하늘에 계신 우리 아버지께서 그분의 성령을 주셔서, 그분의 은혜가 거룩한 말씀을 믿게 하고 우리가 그 말씀대로 살 때, 그분의 나라가 지금 여기로부터 영원무궁히 임하게 됩니다.

제3기원

"뜻이 하늘에서 이루어진 것같이 땅에서도 이루어지이다."

이것은 무슨 뜻입니까?

우리의 기도가 없어도 하나님의 선하고 자비로운 뜻은 분명히 이루어집니다. 그러나 우리는 이 간구를 통해 그분의 뜻이 우리 가운데 이루어지기를 기도합니다.

어떻게 하나님의 뜻이 우리 가운데 이루어집니까?

하나님은 그분의 이름을 더럽히고 그분의 나라를 방해하는 모든 악한 말과 의지를 부수고 무너뜨리십니다. 하나님은 마귀와 세상 그리고 우리의 정욕을 꺾으시고, 말씀과 신앙으로 끝까지 우리를 강하고 든든하게 붙드십니다. 이것이 바로 하나님의 선하고 자비로운 뜻입니다.

제4기원
"오늘 우리에게 일용할 양식을 주시옵고,"

이것은 무슨 뜻입니까?

우리의 기도가 없어도 하나님은 '일용할 양식'을 분명히 주십니다. 우리뿐 아니라 악한 사람들에게도 주십니다. 그러나 우리는 이 간구를 통해 매일의 양식을 주시는 분이 하나님이심을 깨닫고, 감사하며 받기 위해 기도합니다.

'일용할 양식'이란 무슨 뜻입니까?

먹을 것, 마실 것, 옷, 신발, 집, 뜰, 토지, 가축, 돈, 물건, 건실한 배우자와 자녀, 믿음직한 일꾼, 선한 통치자와 정부, 좋은 날씨와 평화, 건강, 교육, 명예, 좋은 친구와 선한 이웃 등 살아가는 데 필요한 모든 것을 뜻합니다.

제5기원

"우리가 우리에게 죄 지은 자를 사하여 준 것같이 우리 죄를 사하여 주시옵고,"

이것은 무슨 뜻입니까?

우리는 이 간구를 통해 하늘 아버지가 우리의 죄를 뚫어지게 응시하면서 그 죄를 이유로 우리의 간구를 거절하지 말아 주실 것을 기도합니다. 우리는 우리가 기도하는 그 어떤 것도 받을 자격이 없고 바랄 수도 없습니다.

우리는 매일 죄를 지으며 매를 벌어들입니다. 그럼에도 불구하고 하나님은 우리가 기도하는 모든 것을 주고 싶어 하십니다. 이것은 하나님의 은혜입니다. 그 때문에 우리도 우리에게 죄 지은 자를 진심으로 용서하고 기꺼이 선을 베풀어야 합니다.

제6기원

"우리를 시험에 들게 하지 마시옵고,"

이것은 무슨 뜻입니까?

하나님은 아무도 유혹하지 않으십니다. 그러나 이 간구를 통해 하나님께서 우리를 지키고 보호해 주시기를 기도합니다. 그분은 우리가 마귀와 세상과 우리의 정욕에 넘어가지 않게 하시고, 불신과 의심, 그 밖에 커다란 수치와 방탕의 꾐에 빠지지 않게 하십니다. 이런 시련이 닥쳐 기도할 때 우리는 결국 승리를 얻습니다.

제 7기원
"다만 악에서 구하시옵소서."

이것은 무슨 뜻입니까?

이 간구는 결론입니다. 하늘에 계신 아버지는 우리의 몸과 영혼, 재산과 명예에 붙어 있는 모든 악에서 우리를 구하시고, 때가 차 복된 임종의 시간이 되면 그분의 은혜로 모든 아픔에서 건져 하늘로 인도하십니다.

마감하는 말
"나라와 권세와 영광이 아버지께 영원히 있사옵나이다. 아멘."

'아멘'은 무슨 뜻입니까?

우리가 기도하는 모든 간구를 하늘에 계신 아버지께서 받아 응답해 주실 것을 확실히 믿는 것입니다.

그렇게 확신하는 이유는 하나님께서 우리에게 이렇게

기도하라고 명령하셨고, 우리의 기도를 경청하겠다고 약속하셨기 때문입니다. 그러므로 '아멘'이라는 말은 '예, 진실로 그렇게 될 것입니다!'라는 뜻입니다.

4. 세례

가장이 가족에게 쉽게 가르쳐야 할 세례.

세례의 본질

세례란 무엇입니까?

세례는 단순한 물이 아니라, 하나님의 명령을 담고 있고
그 말씀과 묶여 있는 물입니다.

그러한 하나님의 말씀이 어디에 기록되어 있습니까?

마태복음 마지막 장에 따르면, 우리 주 그리스도께서 이렇
게 말씀하셨습니다. "너희는 가서 모든 민족을 제자로 삼아
아버지와 아들과 성령의 이름으로 세례를 베풀라."^{마 28:19}

세례의 목적

세례는 어떤 유익이 있습니까?

세례는 죄를 용서하고, 죽음과 마귀로부터 풀려나게 합니다. 또한 세례는 하나님의 약속과 말씀을 믿는 모든 이에게 영원한 복락을 안겨 줍니다.

그러한 하나님의 말씀과 약속이 어디에 기록되어 있습니까?

마가복음 마지막 장에 따르면, 우리 주 그리스도께서 이렇게 말씀하셨습니다. "믿고 세례를 받은 사람은 구원을 얻을 것이요 믿지 않는 사람은 정죄를 받으리라."막 16:16

세례의 힘

어떻게 물이 그토록 큰일을 합니까?

물은 절대 그런 일을 못합니다. 그러나 하나님의 말씀이 물과 함께 그리고 그 곁에 있기 때문에 가능합니다. 그리고 신자는 바로 그 일을 행하는 하나님의 말씀이 물 가운데 있다는 것을 믿는 것입니다. 하나님의 말씀이 없다면 물은 물일 뿐, 세례가 될 수 없습니다. 그러나 하나님의 말씀이 세례의 물 가운데 있다면, 그것이야말로 은혜 가득한 생명의 물이며, 성령 안에서 거듭나게 하는 물이 됩니다. 바울은 디도서 3장에서 이렇게 말합니다.

"우리를 구원하시되 우리가 행한 바 의로운 행위로 말미암지 아니하고 오직 그의 긍휼하심을 따라 중생의 씻음과 성령의 새롭게 하심으로 하셨나니 우리 구주 예수 그리스도로 말미암아 우리에게 그 성령을 풍성히 부어 주사 우리로 그의 은혜를 힘입어 의롭다 하심을 얻어 영생의 소망을 따라 상속자가 되게 하려 하심이라. 이 말이 미쁘도다. 원하건대 너는 이 여러 것에 대하여 굳세게 말하라. 이는 하나님을 믿는 자들로 하여금 조심하여 선한 일을 힘쓰게 하려 함이라. 이것은 아름다우며 사람들에게 유익하니라."딛 3:5-8

세례의 열매

그와 같은 물세례는 이제 무슨 의미가 있습니까?
물세례란 매일의 통회와 참회입니다. 이것이 우리 안에 있는 옛 아담을 질식시키고, 모든 죄와 악한 욕망을 죽입니다. 그리고 (매일의 세례는) 우리를 매일 다시 태어나게 만듭니다. 그리하여 우리를 하나님 앞에서 의롭고 순결한 새 사람으로 부활하여 영원히 살게 합니다.

사도 바울은 로마서 6장에서 이렇게 말합니다. "그러므로 우리가 그의 죽으심과 합하여 세례를 받음으로 그와 함께 장사되었나니 이는 아버지의 영광으로 말미암아 그리스도를 죽은 자 가운데서 살리심과 같이 우리로 또한 새 생명 가운데서 행하게 하려 함이라." ^{롬 6:4}

5. 열쇠의 직무와 참회[9]

열쇠의 직무는 무엇입니까?

이것은 그리스도께서 이 땅의 교회에 주신 특별한 권세입니다. 이것은 참회하는 죄인들의 죄는 용서하고, 참회하지 않는 한 그 죄를 그대로 매어 두는 직무입니다.

---

9 이 항목은 『소교리문답』 역사에서 특별한 역할을 하고 있다. 1531년과 1534년 저지대 독일어 간행본에서는 '성만찬' 항목 다음에 나오기도 하고, 어떤 판본에서는 '열쇠의 직무'와 '참회' 항목이 개별적으로 나오기도 하고, 둘 다 완전히 생략된 경우도 발견된다 (WA 30. I, 607). 루터가 처음부터 '참회' 항목을 별도의 장에 포함할 계획이었다고 보는 것이 정설이다. 『소교리문답』 초판에는 포함되지 않았지만 1529년 비텐베르크판을 확장한 '증보판'(1531)에는 '교육받지 못한 사람이 고백하는 방법'(wie man Einfältigen soll lehren beichten)이라는 항목을 포함하고 있다. 루터의 '조언과 지시'에 따라 이루어진 요한 사우어만(Johann Sauermann)의 라틴어판(1529)에서는 세례와 성만찬 중간에 이 항목을 넣고 다음과 같이 제목을 붙였다. '학교 교사들이 소년들에게 가르쳐야 할 가장 간단한 형식의 고해 형식.' 그러므로 이것 역시 루터의 승인하에 이루어졌을 것으로 추정된다. 이 순서 그대로 '일치서'로 불리는 1580년 『루터교 신앙고백서』(Konkordienbuch)에 실렸다. 그러나 종종 이 항목은 다양한 사본들 안에서 내용이 축소 혹은 확장되곤 한다. 본서에서는 이 항목의 내용을 '루터교회 신앙고백서'(Bekenntnisschriften der evangelisch-lutherischen Kirche, 5. Aufl., 이하 BSLK)에 따라 가장 많은 분량의 확장본을 참조했다.

우리 주 그리스도께서 마태복음 16장에서 베드로에게 말씀하셨고, 요한복음 20장에서도 이와 같은 말씀을 제자들에게 하셨습니다.

"내가 천국 열쇠를 네게 주리니 네가 땅에서 무엇이든지 매면 하늘에서도 매일 것이요 네가 땅에서 무엇이든지 풀면 하늘에서도 풀리리라."마 16:19

"이 말씀을 하시고 그들을 향하여 숨을 내쉬며 이르시되 성령을 받으라. 너희가 누구의 죄든지 사하면 사하여질 것이요 누구의 죄든지 그대로 두면 그대로 있으리라 하시니라."요 20:22-23

참회란 무엇입니까?

참회는 두 부분으로 구성됩니다. 첫째는 우리 죄를 고백하는 일이고, 두 번째는 죄를 용서받는 일입니다. 이 용서는 죄의 고백을 들은 사람Beichtiger이[10] 하나님을 대신하여 선언하는 것입니다. 의심할 필요 없이 굳게 믿으십시오. 하늘

---

10 독일어 'Beichtiger'는 통상 고해를 듣는 사제 또는 목회자를 뜻하는 말이지만, 루터는 모든 신자의 만인사제직에 따라 세례 받은 사람이라면 누구라도 죄의 고백을 듣고 용서의 선언을 할 수 있도록 가르쳤다. 그 때문에 목사라는 용어 대신 '고백을 듣는 사람'이라는 용어를 사용한다. 이는 "서로 용서하라"는 그리스도의 명령에 따른 것이다. 고백에는 고해자와 고백을 듣는 이가 비밀리에 나누는 '개인 고백'과 공동 예배에서 회중이 죄를 한목소리로 고백하는 '공동 고백'이 있다.

에 계신 하나님은 이것으로 우리의 죄를 용서하십니다.

어떤 죄를 고백해야 합니까?

하나님 앞에서 우리의 모든 죄를 고백해야 합니다. 주기도
가 가르치는 대로 기억하지 못하는 죄까지 모두 내어놓아
야 합니다. 그러나 고백을 듣는 사람 앞에서는 오직 내 마
음을 찌르며 기억나는 죄만 내어놓으십시오.

어떤 것이 그런 죄입니까?

십계명에 당신을 비추어 보십시오. 우선 당신이 아버지든
어머니든, 아들이든 딸이든 간에 어떤 소명, 어떤 섬김의
자리로 부름받았는지 돌아보십시오. 그리고 그 소명에 순
종했는지, 신뢰할 만했는지, 성실했는지, 말과 행실로 타
인을 슬프게 하거나 화를 돋우지 않았는지, 싸우지 않았는
지, 해를 입히지 않았는지, 도둑질하지 않았는지, 욕하고
비웃지 않았는지 살피십시오.

개인 고백

이제 어떻게 죄를 고백해야 합니까?

고백을 듣는 이에게 이렇게 말하십시오. "나의 죄를 고백

하오니, 들어 주시고 하나님의 뜻에 따라 내게 사죄 선언을 해주시기 바랍니다."

이제 당신은 하나님 앞에 서 있습니다. 당신의 모든 죄와 허물을 털어놓으십시오. 그 후에 이렇게 끝맺으시기 바랍니다. "이 모든 것이 내 탓입니다. 은혜를 구하오니, 저를 새롭게 하여 주소서."

죄의 고백을 들은 사람은 이제 어떻게 사죄 선언을 해야 합니까?
이렇게 말하십시오. "하나님께서 당신에게 은총을 베푸시고 당신의 믿음을 강건하게 하실 것입니다. 아멘."

당신은 하나님께서 당신의 모든 죄를 용서하셨다는 것을 믿습니까?
예, 제가 믿습니다.

고백을 들은 사람은 이제 이렇게 말하십시오. "당신의 믿음대로 될 것입니다. 이제 나는 우리 주 예수 그리스도의 명하심에 따라 당신의 죄가 사하여졌음을 성부와 성자와 성령의 이름으로 선포합니다. 아멘. 이제는 평안히 가십시오!"

고해자가 양심의 가책이 심할 경우 성경의 더 많은 구절을 인용하여 위로하고 믿음을 더해 주어야 합니다.

공동 고백

회중은 이렇게 고백합니다.[11]

"전능하시고 자비로우신 하나님 아버지, 주님께 저의 모든 죄와 허물을 고백하오니, 이 불쌍한 죄인의 고백을 들어 주소서. 저는 생각과 말과 행위로 죄를 지었으며, 원하는 선은 행하지 아니하고 원하지 않은 악을 행하였습니다. 저는 마음을 다하여 주님을 사랑하지 않았으며, 내 이웃을 내 몸과 같이 사랑하지도 않았습니다. 하나님의 아들 주 예수 그리스도를 보시고 저를 불쌍히 여기소서. 저를 용서하시고 새롭게 하소서. 주님 뜻 안에서 기뻐하고, 주님의 길을 걸으며, 하나님의 거룩하신 이름을 영화롭게 하소서."

---

11   개인 고백과 공동 고백의 순서에는 통일성이 없다. 사본들 가운데는 공동 고백이 개인 고백 앞에 나오는 경우도 자주 발견된다. 본서에서는 BSLK의 순서를 따랐다.

6. 성만찬

가장이 가족에게 쉽게 가르쳐야 할 성만찬.

성만찬의 본질

'거룩한 제단의 성례'란 무엇입니까?

이것은 우리 그리스도인들이 먹고 마시라고 그리스도께서 명령하신 떡과 포도주입니다. 여기에 우리 주 예수 그리스도의 참 몸과 피가 있습니다.

그러한 말씀이 어디에 기록되어 있습니까?

거룩한 복음서 기자들인 마태와 마가와 누가, 그리고 사도 바울이 이렇게 기록하고 있습니다.

"받아서 먹으라. 이것은 너희를 위하여 주는 내 몸이라. 너희가 이를 행하여 나를 기념하라 하시고 또 잔을 가지사

감사 기도하시고 그들에게 주시며 이르시되 너희가 다 이
것을 마시라. 이 잔은 죄 사함을 얻게 하려고 많은 사람을
위하여 흘리는 내 피로 세운 새 언약이니 이것을 행하여
마실 때마다 나를 기념하라 하셨으니."[12]

성만찬의 유익

그렇게 먹고 마시면 어떤 유익이 있습니까?

말씀은 우리에게 이렇게 전합니다. "이것은 너희를 위하여
주는 내 몸이요 죄 사함을 얻게 하려고 너희를 위하여 흘
리는 내 피다." 이 말씀을 통해 죄 용서의 성례는 우리에게
생명과 복을 제공합니다. 왜냐하면 죄 용서가 있는 곳에는
언제나 생명과 하늘의 복이 있기 때문입니다.

성만찬의 작용

먹고 마시는 것으로 어찌 그렇게 큰일을 할 수 있습니까?

먹고 마셔서 그렇게 되는 게 아닙니다. 거기에 말씀이 있
기에 가능한 것입니다. "이것은 너희를 위하여 주는 내 몸

---

12 참조. 마 26:26-28, 막 14:22-24, 눅 22:19-20, 고전 11:23-25.

이요 죄 사함을 얻게 하려고 너희를 위하여 흘리는 내 피다." 먹고 마시는 일이 아니라 바로 이 말씀이 성례의 근간입니다. 이 말씀을 믿고 받는 자는 이 말씀이 전하고 쓰여진 그대로 죄를 용서받습니다.

성만찬의 자격

누가 성찬을 받을 자격이 있습니까?

금식하며 몸으로 준비하는 일은 아주 좋은 훈련입니다. 그러나 성찬 받기에 합당하며 잘 준비가 된 사람은 오직 이 말씀을 믿는 사람입니다. "이것은 너희를 위하여 주는 내 몸이요 죄 사함을 얻게 하려고 너희를 위하여 흘리는 내 피다."

이 말씀을 믿지 못하고 의심하는 자는 성찬 받기에 합당하지 않고 준비되지 않은 사람입니다. 왜냐하면 "너희를 위하여"라는 이 말씀은 당신의 마음으로 완전히 믿을 것을 요구하고 있기 때문입니다.

7. 아침기도와 저녁기도

가장이 가족에게 가르쳐야 할 아침기도와 저녁기도.

아침기도

아침마다 잠자리에서 일어나 십자성호를 그리며 기도하기를, "성부와 성자와 성령의 이름으로, 아멘."

그다음 무릎을 꿇거나 일어선 채로 신조와 주기도를 낭송하고, 원한다면 다음과 같은 짧은 기도를 덧붙일 수 있습니다.

"하늘에 계신 아버지, 감사합니다. 지난밤 주님께서 저를 평안 가운데 보호해 주셨습니다. 오늘 하루도 모든 악행과 불의로부터 저를 보호해 주시고 무슨 일을 행하든지 주님의 기쁨이 되게 하소서. 내 몸과 영혼, 나의 모든 것을 주님 손에 맡깁니다. 거룩한 천사와 더불어 함께하게 하셔서, 악한 원수가 힘쓰지 못하게 저를 도와주소서. 주님의 아들 예수 그리스도의 이름으로 기도합니다. 아멘."

이제 기쁘게 당신의 일터로 가십시오. 그리고 이 기도에 덧붙여 찬송을 부르거나 십계명을 암송해도 됩니다. 아니면 개인기도 시간을 좀 더 가져도 됩니다.

저녁기도

저녁마다 잠자리에 들며 십자성호를 그리며 기도하기를, "성부와 성자와 성령의 이름으로, 아멘."

그다음 무릎을 꿇거나 일어선 채로 신조와 주기도를 낭송하고, 원한다면 다음과 같은 짧은 기도를 덧붙일 수 있습니다.

"하늘에 계신 아버지, 감사합니다. 주님께서 오늘 하루 동안 저를 은혜 가운데 지켜 주셨습니다. 오늘 범한 저의 모든 죄를 용서하여 주시고, 은혜 가운데 이 밤도 지켜 주소서. 내 몸과 영혼, 나의 모든 것을 주님 손에 맡깁니다. 거룩한 천사와 더불어 함께하게 하셔서, 악한 원수가 힘쓰지 못하게 저를 도와주소서. 주님의 아들 예수 그리스도의 이름으로 기도합니다. 아멘."

이제 평안히 잠자리에 드십시오.

8. 식사 전후 기도

가장이 가족에게 가르쳐야 할 식전 축복기도와 식후 감사기도.

식전 축복기도[13]

온 가족이 두 손을 모은 채 식탁 앞에 가지런히 모여 이렇게 고백합니다.

"모든 사람의 눈이 주를 앙망하오니 주는 때를 따라 그들에게 먹을 것을 주시며 손을 펴사 모든 생물의 소원을 만족하게 하시나이다."[시 145:15-16]

이제 주기도를 하고 이렇게 기도합니다.

"하늘에 계신 하나님 아버지, 우리에게 복을 내려 주시고, 우리에게 주신 주님의 자비로운 선물 위에 은혜를 더

---

13 원문은 'Benedictio mensae'다.

하여 주소서. 우리 주 예수 그리스도의 이름으로 기도합니다. 아멘."

식후 감사기도[14]

식사를 마치면 역시 같은 방법으로 손을 모아 이렇게 고백합니다.

"주께 감사하라. 그는 선하시며 인자하심이 영원하리로다. 주께 감사하라. 그는 모든 육체와 들짐승과 우는 까마귀 새끼에게 먹을 것을 주시는도다. 그는 말의 힘이 세다 하여 기뻐하지 아니하시며 사람의 다리가 억세다 하여 기뻐하지 아니하시고, 자기를 경외하는 자들과 그의 인자하심을 바라는 자들을 기뻐하시는도다."시 106:1, 136:25, 147:9-11

이제 주기도를 하고 이렇게 기도합니다.

"하나님 아버지, 우리에게 주신 모든 것에 감사드립니다. 이제로부터 영원토록 살아 계셔서 다스리시는 우리 주 예수 그리스도의 이름으로 기도합니다. 아멘."

---

14 원문은 'Gratias'다.

9. 의무표[15]

모든 거룩한 삶의 자리에서 해야 할 직무와 이웃 섬김을 위해 권면하는 몇 가지 성구들.

감독과 목사와 설교자들에게

딤전 3:2-6 그러므로 감독은 책망할 것이 없으며 한 아내의 남편이 되며 절제하며 신중하며 단정하며 나그네를 대접하며 가르치기를 잘하며 술을 즐기지 아니하며 구타하지 아니하며 오직 관용하며 다투지 아니하며 돈을 사랑하지 아니하며 자기 집을 잘 다스려 자녀들로 모든 공손함으로 복종하게 하는 자라야 할지며 (사람이 자기 집을 다스릴 줄 알지 못하면 어찌 하나님의 교회를 돌보리요) 새로 입교한 자도 말지니 교만하여져서 마귀를 정죄하는 그 정죄에 빠질까 함이요.

---

15 루터는 하나님의 창조 질서를 세 가지 삶의 자리로 구분해서 설명한다. 영적 공동체, 정치사회 공동체, 혈연공동체가 그것인데, 이는 교회, 국가, 가정에 해당한다. 그리스도인에게 주어진 하나님의 소명(Berufung)은 이 모든 세 자리에 있다. 그 소명은 자신을 위한 것이 아니라 이웃 사랑인 섬김과 봉사의 직무다. 의무표는 이 세 가지 삶의 자리에서 지켜 행해야 할 그리스도인의 직무를 요약한 것이다.

딛 1:9 미쁜 말씀의 가르침을 그대로 지켜야 하리니 이는 능히 바른
교훈으로 권면하고 거슬러 말하는 자들을 책망하게 하려 함이라.

성도들에게[16]

눅 10:7 그 집에 유하며 주는 것을 먹고 마시라. 일꾼이 그 삯을 받는
것이 마땅하니라.

고전 9:14 이와 같이 주께서도 복음 전하는 자들이 복음으로 말미암
아 살리라 명하셨느니라.

갈 6:6 가르침을 받는 자는 말씀을 가르치는 자와 모든 좋은 것을 함
께하라.

딤전 5:17-18 잘 다스리는 장로들은 배나 존경할 자로 알되 말씀과
가르침에 수고하는 이들에게는 더욱 그리할 것이니라. 성경에 일렀
으되 곡식을 밟아 떠는 소의 입에 망을 씌우지 말라 하였고 또 일꾼
이 그 삯을 받는 것은 마땅하다 하였느니라.

살전 5:12-13 형제들아, 우리가 너희에게 구하노니 너희 가운데서 수
고하고 주 안에서 너희를 다스리며 권하는 자들을 너희가 알고 그들의
역사로 말미암아 사랑 안에서 가장 귀히 여기며 너희끼리 화목하라.

히 13:17 너희를 인도하는 자들에게 순종하고 복종하라. 그들은 너희
영혼을 위하여 경성하기를 자신들이 청산할 자인 것같이 하느니라.
그들로 하여금 즐거움으로 이것을 하게 하고 근심으로 하게 하지 말

---

16 원문은 '교회 성도들은 목회자를 위해 무엇을 책임져야 하는가'(Was die Zuhörer ihren
Lehrern und Seelsorgern zu tun schuldig sind)이다.

라. 그렇지 않으면 너희에게 유익이 없느니라.

집권자들에게

롬 13:1-4 각 사람은 위에 있는 권세들에게 복종하라. 권세는 하나님으로부터 나지 않음이 없나니 모든 권세는 다 하나님께서 정하신 바라. 그러므로 권세를 거스르는 자는 하나님의 명을 거스름이니 거스르는 자들은 심판을 자취하리라. 다스리는 자들은 선한 일에 대하여 두려움이 되지 않고 악한 일에 대하여 되나니 네가 권세를 두려워하지 아니하려느냐. 선을 행하라. 그리하면 그에게 칭찬을 받으리라. 그는 하나님의 사역자가 되어 네게 선을 베푸는 자니라. 그러나 네가 악을 행하거든 두려워하라. 그가 공연히 칼을 가지지 아니하였으니 곧 하나님의 사역자가 되어 악을 행하는 자에게 진노하심을 따라 보응하는 자니라.

시민들에게

마 22:21 그런즉 가이사의 것은 가이사에게, 하나님의 것은 하나님께 바치라.
롬 13:5-7 그러므로 복종하지 아니할 수 없으니 진노 때문에 할 것이 아니라 양심을 따라 할 것이라. 너희가 조세를 바치는 것도 이로 말미암음이라. 그들이 하나님의 일꾼이 되어 바로 이 일에 항상 힘쓰느니라. 모든 자에게 줄 것을 주되 조세를 받을 자에게 조세를 바치고 관세를 받을 자에게 관세를 바치고 두려워할 자를 두려워하며 존경할 자를 존경하라.

딤전 2:1-2 그러므로 내가 첫째로 권하노니 모든 사람을 위하여 간구와 기도와 도고와 감사를 하되 임금들과 높은 지위에 있는 모든 사람을 위하여 하라. 이는 우리가 모든 경건과 단정함으로 고요하고 평안한 생활을 하려 함이라.

딛 3:1 너는 그들로 하여금 통치자들과 권세 잡은 자들에게 복종하며 순종하며 모든 선한 일 행하기를 준비하게 하며.

벧전 2:13-15 인간의 모든 제도를 주를 위하여 순종하되 혹은 위에 있는 왕이나 혹은 그가 악행하는 자를 징벌하고 선행하는 자를 포상하기 위하여 보낸 총독에게 하라. 곧 선행으로 어리석은 사람들의 무식한 말을 막으시는 것이라.

남편들에게

벧전 3:7 남편들아, 이와 같이 지식을 따라 너희 아내와 동거하고 그를 더 연약한 그릇이요 또 생명의 은혜를 함께 이어받을 자로 알아 귀히 여기라. 이는 너희 기도가 막히지 아니하게 하려 함이라.

골 3:19 남편들아, 아내를 사랑하며 괴롭게 하지 말라.

아내들에게

엡 5:22 아내들이여, 자기 남편에게 복종하기를 주께 하듯 하라.[17]

벧전 3:6 사라가 아브라함을 주라 칭하여 순종한 것같이 너희는 선을 행하고 아무 두려운 일에도 놀라지 아니하면 그의 딸이 된 것이니라.

부모들에게

엡 6:4 또 아비들아, 너희 자녀를 노엽게 하지 말고 오직 주의 교훈과 훈계로 양육하라.[18]

자녀들에게

엡 6:1-3 자녀들아, 주 안에서 너희 부모에게 순종하라. 이것이 옳으니라. 네 아버지와 어머니를 공경하라. 이것은 약속이 있는 첫 계명이니 이로써 네가 잘되고 땅에서 장수하리라.[19]

종과 일용직 종사자와 노동자들에게

엡 6:5-8 종들아, 두려워하고 떨며 성실한 마음으로 육체의 상전에게 순종하기를 그리스도께 하듯 하라. 눈가림만 하여 사람을 기쁘게 하는 자처럼 하지 말고 그리스도의 종들처럼 마음으로 하나님의 뜻을 행하고 기쁜 마음으로 섬기기를 주께 하듯 하고 사람들에게 하듯

---

17 베드로전서 3:1에도 같은 구절이 나온다. 참조. 엡 5:21, 갈 3:28, 고전 8:6.

18 참조. 골 3:21.

19 참조. 신 5:16.

하지 말라. 이는 각 사람이 무슨 선을 행하든지 종이나 자유인이나 주께로부터 그대로 받을 줄을 앎이라.[20]

주인들에게

엡 6:9 상전들아, 너희도 그들에게 이와 같이 하고 위협을 그치라. 이는 그들과 너희의 상전이 하늘에 계시고 그에게는 사람을 외모로 취하는 일이 없는 줄 너희가 앎이라.

청년들에게

벧전 5:5-6 젊은 자들아, 이와 같이 장로들에게 순종하고 다 서로 겸손으로 허리를 동이라. 하나님은 교만한 자를 대적하시되 겸손한 자들에게는 은혜를 주시느니라. 그러므로 하나님의 능하신 손 아래에서 겸손하라. 때가 되면 너희를 높이시리라.

홀로 된 여인들에게

딤전 5:5-6 참 과부로서 외로운 자는 하나님께 소망을 두어 주야로 항상 간구와 기도를 하거니와 향락을 좋아하는 자는 살았으나 죽었느니라.

---

20 참조, 갈 3:28, 고전 8:6.

교회의 성도들에게

롬 13:9 간음하지 말라, 살인하지 말라, 도둑질하지 말라, 탐내지 말라 한 것과 그 외에 다른 계명이 있을지라도 네 이웃을 네 자신과 같이 사랑하라 하신 그 말씀 가운데 다 들었느니라.

딤전 2:1 그러므로 내가 첫째로 권하노니 모든 사람을 위하여 간구와 기도와 도고와 감사를 하되.

하나님의 말씀에 따라 각자 자신의 소임을 배우십시오. 그리하면 당신의 집에 복이 임할 것입니다!

제2부

해설_신앙의 대화

1. 십계명

두 손 모아 함께 기도하기[1]

하나님, 우리의 마음과 생각, 그리고 모든 것을 주님 손안
에 둡니다. 거룩한 성령께서 우리를 도우셔서 하나님에 대
한 바른 지식을 알게 하시고, 온전히 그리스도를 따르는
복된 삶이 되게 하소서. 우리 주 예수 그리스도의 이름으
로 기도합니다. 아멘.

---

1   성령의 인도를 구하며 '신앙의 대화'를 시작하는 것은 매우 중요하다. 이때 깍지 끼어
두 손을 모아 기도해 보기를 권한다. 손을 가지런히 모아 기도하거나 무릎을 꿇는 모습은
모든 종교에서 가장 기본적인 기도 자세인데. 교회 전통에는 그 외에도 몇 가지 의미 있는
기도 자세가 있다. 그중 하나가 깍지를 끼고 두 손 모아 기도하는 자세다. 이것은 유럽의 봉
건주의 시대 때 봉토를 받는 사람이 영지를 하사받으면서 자신의 두 손을 모아 영주의 손
안에 두었던 것에서 기원한다. "제 손을 주님 손안에 두었으니. 주님 손으로 감싸 주소서"

묻고 답하기

1 당신은 누구입니까?

나는 그리스도인입니다.

2 당신은 어떻게 그리스도인이 되었습니까?

그것은 하나님의 계획이고 나에게는 운명입니다. 그분은
나를 불러 그리스도인의 소명을 주셨습니다. 이것은 내
뜻, 내 노력과 상관없는 하나님의 은혜입니다.

딤후 1:9 하나님이 우리를 구원하사 거룩하신 소명으로 부르심은 우
리의 행위대로 하심이 아니요 오직 자기의 뜻과 영원 전부터 그리스
도 예수 안에서 우리에게 주신 은혜대로 하심이라.

3 성경은 그리스도인을 무엇이라고 가르칩니까?

그리스도인은 거룩한 성령으로 기름부음 받듯 그분의 말
씀 가운데 물로 세례 받은 자입니다.

라는 뜻으로, 땅을 준 영주에 대한 신뢰의 표현인 동시에 충성의 표시였다. 고대 교회에서
도 사제로 서품받는 사람은 이렇게 손을 모았다. 이때 안수하는 주교는 그의 손을 감싸며
기도한다. 손을 모은 사람의 입장에서는 주교와 교회에 대한 공경과 순명을 다짐하는 것이
고, 손을 감싼 주교의 입장에서는 성직으로 세워지는 이를 그리스도께 맡긴다는 의미였다.
그리스도인이 깍지를 끼고 기도하는 것은 내 손을 살아 계신 그리스도의 손안에 두고 그분
께 내 몸과 영혼을 맡긴다는 상징이다. 그리고 이렇게 양손을 그분 손안에 넣어 두는 것은
단순히 순종과 충성만 뜻하는 게 아니라, 내 손이 예수님의 손이 되도록 소망하는 간구이
기도 하다. 우리의 주인은 임시적인 땅의 왕이 아니라 영원히 온 우주를 다스리는 왕 그리
스도이시다. '신앙의 대화'를 시작하며 우리가 두 손을 모은다는 것은, 이처럼 우리 손과 더
불어 우리의 운명도 그분의 손에 맡기며 그분을 닮아 가기를 소망한다는 뜻이다.

요일 2:20 너희는 거룩하신 자에게서 기름부음을 받고 모든 것을 아느니라.

4   어디서 그리스도인이라는 이름이 나왔습니까?

그리스도란 기름부음 받은 자라는 뜻입니다. 유대인 사회에서는 민족을 구할 왕이나 구원자를 뜻하는 말이었습니다. 성경은 그분이 예수님이라고 알려 줍니다. 하나님께서 나사렛 예수에게 성령과 능력을 기름붓듯 주셨습니다. 그분을 따르는 사람을 '그리스도인'이라고 부릅니다.

행 10:38 하나님이 나사렛 예수에게 성령과 능력을 기름붓듯 하셨으매 그가 두루 다니시며 선한 일을 행하시고 마귀에게 눌린 모든 사람을 고치셨으니 이는 하나님이 함께하셨음이라.

5   왜 당신은 그리스도인이라는 이름을 달고 다닙니까?

나는 예수 그리스도의 이름으로 세례 받았고, 그분을 신뢰하며 살기 때문입니다. 또한 그분의 가르침대로 말과 행동으로 하나님과 이웃을 섬기고, 그분이 주실 영원한 복을 기다리기 때문입니다.

갈 3:26-27 너희가 다 믿음으로 말미암아 그리스도 예수 안에서 하나님의 아들이 되었으니 누구든지 그리스도와 합하기 위하여 세례를 받은 자는 그리스도로 옷 입었느니라.

골 3:17 또 무엇을 하든지 말에나 일에나 다 주 예수의 이름으로 하고 그를 힘입어 하나님 아버지께 감사하라.

6 이렇게 신앙의 대화를 나누며 배우는 목적은 무엇입니까?

거룩한 하나님의 말씀이 나의 모든 것을 감싸고 있고, 그 말씀 한가운데 그리스도가 계시다는 것을 깨닫는 데 있습니다.

요 17:3 영생은 곧 유일하신 참 하나님과 그가 보내신 자 예수 그리스도를 아는 것이니이다.

마 11:27 내 아버지께서 모든 것을 내게 주셨으니 아버지 외에는 아들을 아는 자가 없고 아들과 또 아들의 소원대로 계시를 받는 자 외에는 아버지를 아는 자가 없느니라.

7 이 책은 무엇입니까?

이 책은 그리스도인이라면 반드시 알아야 할 기독교의 가르침을 한데 모아 놓은 작은 신앙 안내서입니다. 성경의 핵심 주제가 모두 이 안에 들어 있고, 질문과 대답 형식으로 구성되어 있습니다.

8 성경은 무엇입니까?

성경은 예언자와 사도들이 성령의 감동 가운데 기록한 하나님의 말씀입니다. 여기에는 하나님에 대한 지식과 마르지 않는 하늘의 복이 담겨 있습니다.

벧후 1:21 예언은 언제든지 사람의 뜻으로 낸 것이 아니요 오직 성령의 감동하심을 받은 사람들이 하나님께 받아 말한 것임이라.

마 10:20 말하는 이는 너희가 아니라 너희 속에서 말씀하시는 이 곧 너희 아버지의 성령이시니라.

딤후 3:15-17 또 어려서부터 성경을 알았나니 성경은 능히 너로 하여금 그리스도 예수 안에 있는 믿음으로 말미암아 구원에 이르는 지혜가 있게 하느니라. 모든 성경은 하나님의 감동으로 된 것으로 교훈과 책망과 바르게 함과 의로 교육하기에 유익하니 이는 하나님의 사람으로 온전하게 하며 모든 선한 일을 행할 능력을 갖추게 하려 함이라.

9   성경은 어떻게 구성되어 있습니까?

한 권으로 된 성경은 시대에 따라 크게 두 부분으로 나뉩니다. 앞부분은 '구약성경' 또는 '율법서'라고 부르는데, 예수님 이전 시대에 관한 것입니다. 그다음 부분은 새로운 계약 또는 약속이라는 뜻의 '신약'新約으로 불립니다. 이것은 예수님 당시와 초대교회 이야기입니다. 다만 신약성경에서 '성경'이라는 단어가 나오면 그것은 신약이 아니라 구약을 칭하는 말입니다. 예수님 때에는 신약성경이 없었기에 그때 성경은 그저 구약을 인용하는 것입니다. 예수님을 그리스도라고 부르는 이유 역시 이와 연결되는데, 예수님이 구약의 율법과 예언을 완성했기 때문입니다. 그 때문에 신약을 '그리스도의 복음'이라 부르기도 합니다.

히 1:1-2 옛적에 선지자들을 통하여 여러 부분과 여러 모양으로 우리 조상들에게 말씀하신 하나님이 이 모든 날 마지막에는 아들을 통하여 우리에게 말씀하셨으니 이 아들을 만유의 상속자로 세우시고 또 그로 말미암아 모든 세계를 지으셨느니라.

마 5:17 내가 율법이나 선지자를 폐하러 온 줄로 생각하지 말라. 폐하러 온 것이 아니요 완전하게 하려 함이라.

눅 24:44 또 이르시되 내가 너희와 함께 있을 때에 너희에게 말한 바 곧 모세의 율법과 선지자의 글과 시편에 나를 가리켜 기록된 모든 것이 이루어져야 하리라 한 말이 이것이라.

요 1:17 율법은 모세로 말미암아 주어진 것이요 은혜와 진리는 예수 그리스도로 말미암아 온 것이라.

요 5:39 너희가 성경에서 영생을 얻는 줄 생각하고 성경을 연구하거니와 이 성경이 곧 내게 대하여 증언하는 것이니라.

10 신앙인이 반드시 알아야 할 주제에는 어떤 것이 있습니까?

다섯 주제 곧 십계명, 신조, 주기도, 세례, 성만찬입니다.

11 십계명은 누가 주었습니까?

하나님이십니다. 출애굽기 20:2에 기록되어 있습니다.

12 어디서 주셨습니까?

광야 한가운데 있는 시내산에서 주셨습니다. 출애굽기 19장에 기록되어 있습니다.

13 누구에게 주셨습니까?

하나님의 신실한 종 모세에게 주셨습니다.

14 그 안에 무엇이 담겨 있었습니까?

율법입니다.

15 율법은 무엇입니까?

사람이라면 마땅히 해야 할 하나님의 명령입니다. 율법은
반드시 사람이 해야 할 일인 반면, 복음은 오직 하나님만
이 하실 수 있는 일입니다.

미 6:8 사람아, 주께서 선한 것이 무엇임을 네게 보이셨나니 여호와
께서 네게 구하시는 것은 오직 정의를 행하며 인자를 사랑하며 겸손
하게 네 하나님과 함께 행하는 것이 아니냐.

16 하나님이 주신 계명은 어떻게 생겼습니까?

두 개의 돌판에 새겨져 있었습니다.

17 첫째 돌판의 주제는 무엇입니까?

하나님을 사랑하라는 것입니다.

18 둘째 돌판의 주제는 무엇입니까?

이웃을 사랑하라는 것입니다.

마 22:37-40 예수께서 이르시되 네 마음을 다하고 목숨을 다하고 뜻을 다하여 주 너의 하나님을 사랑하라 하셨으니 이것이 크고 첫째 되는 계명이요 둘째도 그와 같으니 네 이웃을 네 자신 같이 사랑하라 하셨으니 이 두 계명이 온 율법과 선지자의 강령이니라.

19 하나님을 모르거나 믿지 않는 사람들에게 계명이 무슨 소용 있습니까?

이것은 종교와 상관없이 사람이라면 마땅히 행해야 하고 삶의 표면에서 드러나야 할 외적 계명입니다.

시 32:9 너희는 무지한 말이나 노새 같이 되지 말지어다. 그것들은 재갈과 굴레로 단속하지 아니하면 너희에게 가까이 가지 아니하리로다.

20 왜 '외적 계명'이라고 말합니까?

신자든 비신자든 모든 사람에게는 하나님을 알 만한 것이 그들 속에 있습니다. 그렇기 때문에 모든 사람은 이것을 지켜야 한다는 것을 알고 행합니다. 하지만 성령의 도움과 믿음이 없다면, 그 누구도 하나님의 뜻을 온전히 지킬 수 없습니다. 율법을 지킨다고 해도 그것은 그저 바르게 사는 것처럼 보일 뿐입니다.

롬 1:18-20 하나님의 진노가 불의로 진리를 막는 사람들의 모든 경건하지 않음과 불의에 대하여 하늘로부터 나타나나니 이는 하나님을 알 만한 것이 그들 속에 보임이라. 하나님께서 이를 그들에게 보이셨느니라. 창세로부터 그의 보이지 아니하는 것들 곧 그의 영원하신 능력과 신성이 그가 만드신 만물에 분명히 보여 알려졌나니 그러므로 그들이 핑계하지 못할지니라.

롬 7:14 우리가 율법은 신령한 줄 알거니와 나는 육신에 속하여 죄 아래에 팔렸도다.

롬 8:7 육신의 생각은 하나님과 원수가 되나니 이는 하나님의 법에 굴복하지 아니할 뿐 아니라 할 수도 없음이라.

21 회개하는 사람에게 율법이 하는 일은 무엇입니까?

우리가 죄 가운데 있고 그 죄를 심판하는 하나님 앞에 서 있다는 것을 깨닫게 합니다.

롬 3:20 그러므로 율법의 행위로 그의 앞에 의롭다 하심을 얻을 육체가 없나니 율법으로는 죄를 깨달음이니라.

갈 3:10 무릇 율법 행위에 속한 자들은 저주 아래에 있나니 기록된 바 누구든지 율법 책에 기록된 대로 모든 일을 항상 행하지 아니하는 자는 저주 아래에 있는 자라 하였음이라.

갈 3:24 이같이 율법이 우리를 그리스도께로 인도하는 초등교사가 되어 우리로 하여금 믿음으로 말미암아 의롭다 함을 얻게 하려 함이라.

22 '죄'란 무엇입니까?

죄란 하나님의 율법을 거스르는 불법적인 모든 것이며, 하나님과 우리의 관계를 단절시키는 모든 것입니다. 하나님은 하나님이시고 인간은 인간입니다. 그런데 하나님을 끌어내리고 그 자리에 앉으려는 모든 욕망과 행위가 바로 하나님의 뜻을 거스르는 죄입니다.

요일 3:4 죄를 짓는 자마다 불법을 행하나니 죄는 불법이라.

23 사람들은 죄를 어떻게 구분합니까?

원죄와 자범죄로 구분합니다.

24 '원죄'란 무엇입니까?

원죄란 인간의 본성 깊은 곳에 자리 잡은 죄를 칭하는 말입니다. 성경에서는 최초의 인간 아담이 타락하여 하나님의 형상을 잃어버렸고, 그로 인해 하나님과 온전한 관계가 깨진 것으로 표현합니다. 창세기에 나오는 아담은 모든 인간의 원형입니다. 그 때문에 하나님의 형상이 일그러진 인간은 하나님과 관계하는 일을 진지하게 여기지 않고, 선한 일보다 악한 일을 즐겨합니다. 이런 원죄는 인간을 심판과 진노 앞에 서게 만듭니다. 죄의 열매는 사망입니다.

롬 5:12 그러므로 한 사람으로 말미암아 죄가 세상에 들어오고 죄로 말미암아 사망이 들어왔나니 이와 같이 모든 사람이 죄를 지었으므로 사망이 모든 사람에게 이르렀느니라.

롬 3:23 모든 사람이 죄를 범하였으매 하나님의 영광에 이르지 못하더니.

요 3:6 육으로 난 것은 육이요 영으로 난 것은 영이니.

엡 2:3 전에는 우리도 다 그 가운데서 우리 육체의 욕심을 따라 지내

며 육체와 마음의 원하는 것을 하여 다른 이들과 같이 본질상 진노
의 자녀이었더니.

25 '자범죄'란 무엇입니까?

자범죄란 하나님의 계명을 거스르는 모든 것입니다. 말과
행동, 생각과 욕망까지도 포함됩니다. 이 죄는 원죄에서 생
겨납니다.

눅 6:43-44 못된 열매 맺는 좋은 나무가 없고 또 좋은 열매 맺는 못
된 나무가 없느니라. 나무는 각각 그 열매로 아나니 가시나무에서 무
화과를, 또는 찔레에서 포도를 따지 못하느니라.

마 15:19 마음에서 나오는 것은 악한 생각과 살인과 간음과 음란과
도둑질과 거짓 증언과 비방이니.

약 4:17 그러므로 사람이 선을 행할 줄 알고도 행하지 아니하면 죄니라.

마 12:36 내가 너희에게 이르노니 사람이 무슨 무익한 말을 하든지
심판 날에 이에 대하여 심문을 받으리니.

26 죄는 언제 드러납니까?

부지불식간에 드러납니다. 예를 들어, 생각 없이 행동하거
나, 자기 자랑에 빠져 있거나, 타인을 무시하고 비방할 때
잘 드러납니다. 하지만 기본적으로 죄는 우리가 약하기 때
문에 어쩔 수 없이 나타납니다.

시 19:13 또 주의 종에게 고의로 죄를 짓지 말게 하사 그 죄가 나를
주장하지 못하게 하소서. 그리하면 내가 정직하여 큰 죄과에서 벗어

나겠나이다.

27 거듭난 그리스도인에게 율법은 어떤 유익이 있습니까?

율법은 하나님의 선물입니다. 그러므로 율법은 기쁘고 감사한 마음으로 선행을 만들어 내며, 복된 삶을 형성하는 원동력이 됩니다.

시 119:105 주의 말씀은 내 발에 등이요 내 길에 빛이니이다.

요일 5:3 하나님을 사랑하는 것은 이것이니 우리가 그의 계명들을 지키는 것이라. 그의 계명들은 무거운 것이 아니로다.

28 '선행'이란 무엇입니까?

선행이란 믿음 가운데서 감사하며 하나님과 이웃을 사랑하고 섬기라는 십계명의 명령을 따르는 것을 뜻합니다. 참된 선행은 언제나 말과 행동이라는 열매로 나타납니다. 그곳에 하나님 아버지의 영광이 나타납니다.

마 5:16 이같이 너희 빛이 사람 앞에 비치게 하여 그들로 너희 착한 행실을 보고 하늘에 계신 너희 아버지께 영광을 돌리게 하라.

29 당신은 율법의 명령을 다 지킬 수 있습니까?

아니요, 그렇지 않습니다. 본성 밑바닥에 죄가 붙어 있는 한 나는 율법을 지킬 수 없습니다.

롬 7:18-19 내 속 곧 내 육신에 선한 것이 거하지 아니하는 줄을 아

노니 원함은 내게 있으나 선을 행하는 것은 없노라. 내가 원하는 바
선은 행하지 아니하고 도리어 원하지 아니하는 바 악을 행하는도다.

30 '율법을 지킬 수 없다'는 말은 곧 당신이 저주받았다는 뜻입니까?

맞습니다. 솔직히 말해서 그렇습니다. 그러나 나에게는 여
전히 소망이 있습니다. 저주받아 심판대 앞에 섰던 예수 그
리스도께서 율법의 모든 요구를 다 이루셨기 때문입니다.

31 그게 당신과 무슨 상관이 있습니까?

그분이 하신 일, 곧 율법을 완수한 것은 바로 나를 위한 일
입니다. 주님은 나를 사로잡은 율법의 사슬을 단숨에 푸셨
고, 율법의 저주에서 나를 자유롭게 하셨습니다.

롬 5:19 한 사람이 순종하지 아니함으로 많은 사람이 죄인 된 것같이
한 사람이 순종하심으로 많은 사람이 의인이 되리라.

갈 3:13 그리스도께서 우리를 위하여 저주를 받은 바 되사 율법의 저
주에서 우리를 속량하셨으니 기록된 바 나무에 달린 자마다 저주 아
래에 있는 자라 하였음이라.

32 어떻게 그리스도의 일이 곧바로 당신의 일로 연결됩니까?

그것은 오직 믿음으로만 가능합니다.

롬 10:4 그리스도는 모든 믿는 자에게 의를 이루기 위하여 율법의 마
침이 되시니라.

33

혼자서 율법의 요구를 완수할 수 없습니까?

예, 그렇습니다. 그렇기 때문에 나는 하나님의 은총을 바라보며 살 수밖에 없습니다.

요일 2:6 그의 안에 산다고 하는 자는 그가 행하시는 대로 자기도 행할지니라.

엡 2:10 우리는 그가 만드신 바라. 그리스도 예수 안에서 선한 일을 위하여 지으심을 받은 자니 이 일은 하나님이 전에 예비하사 우리로 그 가운데서 행하게 하려 하심이니라.

약 2:17 이와 같이 행함이 없는 믿음은 그 자체가 죽은 것이라.

제1계명

"너는 나 외에는 다른 신들을 네게 두지 말라." 출 20:3-5

이것은 무슨 뜻입니까?

모든 것 이상으로 하나님을 두려워하고 사랑하며
신뢰하라는 뜻입니다.

십계명의 가장 큰 주제는 무엇입니까?

십계명을 이끄는 도입구에 명시되어 있습니다. "나는 네 하나님 여호와니라." 출 20:2 이것이 가장 큰 주제입니다.

35   이 구절의 역할은 무엇입니까?

우리가 하나님 앞에 서 있다는 것을 참으로 깨닫게 합니다.

36   '참으로 깨닫는다'는 것은 무슨 뜻입니까?

머리와 가슴으로 알고 믿는다는 뜻인데, 그 내용은 그분이 바로 나의 주요 만물의 하나님이라는 것입니다. 이 모든 것이 말씀 가운데 드러났고, 이 진리를 온몸으로 아는 것입니다.

렘 9:24 자랑하는 자는 이것으로 자랑할지니 곧 명철하여 나를 아는 것과 나 여호와는 사랑과 정의와 공의를 땅에 행하는 자인 줄 깨닫는 것이라. 나는 이 일을 기뻐하노라. 여호와의 말씀이니라.

37   오직 말씀으로만 하나님을 알 수 있습니까?

신이 존재한다는 것은 자연을 통해서도 어느 정도 알 수 있습니다. 어떤 종교든지 인간의 힘을 넘어서는 초월적인 무언가가 있다는 것은 인정됩니다. 또한 모든 사람에게 주어진 양심의 증거를 통해서도 신의 존재를 어렴풋이 알 수 있습니다. 하지만 이런 지식은 칠흑 같은 어둠을 더듬어 올라가는 것처럼 불완전합니다. 하나님께서 자신을 드러내기로 작정하고 보여주시지 않는 한, 우리가 자연 속에서 습득하는 신에 대한 지식은 언제나 완전하지 못합니다.

롬 1:19-21 이는 하나님을 알 만한 것이 그들 속에 보임이라. 하나님께서 이를 그들에게 보이셨느니라. 창세로부터 그의 보이지 아니하는 것들 곧 그의 영원하신 능력과 신성이 그가 만드신 만물에 분명히 보여 알려졌나니 그러므로 그들이 핑계하지 못할지니라. 하나님을 알되 하나님을 영화롭게도 아니하며 감사하지도 아니하고 오히려 그 생각이 허망하여지며 미련한 마음이 어두워졌나니.

욥 12:7-9 이제 모든 짐승에게 물어보라. 그것들이 네게 가르치리라 공중의 새에게 물어보라 그것들이 또한 네게 말하리라. 땅에게 말하라. 네게 가르치리라. 바다의 고기도 네게 설명하리라. 이것들 중에 어느 것이 여호와의 손이 이를 행하신 줄을 알지 못하랴.

롬 2:14-15 율법 없는 이방인이 본성으로 율법의 일을 행할 때에는 이 사람은 율법이 없어도 자기가 자기에게 율법이 되나니 이런 이들은 그 양심이 증거가 되어 그 생각들이 서로 혹은 고발하며 혹은 변명하여 그 마음에 새긴 율법의 행위를 나타내느니라.

38 성경말씀을 읽다 보면 '주님'이라는 말이 자주 나오는데, '주님'은 누구를 호칭하는 용어입니까?

'주님'이라는 말은 '주인'이라는 뜻입니다. 이 말은 왕이나 윗사람에게도 쓰입니다. 그러나 그리스도인이 부르는 주님은 성경에 기록된 대로 우리의 구원자이신 그리스도 예수와 그분의 아버지인 여호와 하나님을 지칭하는 말입니다. 하나님은 아브라함과 이삭과 야곱에게 살아 계신 참 신으로 섬김받으셨고, 그분의 아들은 종말의 때에 온 세상을 심판하러 다시 오실 심판주이십니다.

사 42:8 나는 여호와이니 이는 내 이름이라. 나는 내 영광을 다른 자에게, 내 찬송을 우상에게 주지 아니하리라.

약 4:12 입법자와 재판관은 오직 한 분이시니 능히 구원하기도 하시며 멸하기도 하시느니라.

창 17:1 나는 전능한 하나님이라. 너는 내 앞에서 행하여 완전하라.

39 왜 '네 하나님'^{출 20:2}이라고 하는 것입니까?

하나님은 영원 전부터 나와 함께 동행하며 사랑 가운데 나를 인도하셨습니다. 또한 이제로부터 영원토록 나를 돌보십니다. 그런 사랑을 받고 있기에 나 역시 몸과 마음을 다해 그분을 사랑하고 섬길 수 있습니다. 하나님이 나에게 '네 하나님'이라고 말을 건네셨고, 이제 내가 그분께 '나의 하나님'이라고 고백합니다.

렘 31:3 옛적에 여호와께서 나에게 나타나사 내가 영원한 사랑으로 너를 사랑하기에 인자함으로 너를 이끌었다 하였노라.

시 95:6-7 오라. 우리가 굽혀 경배하며 우리를 지으신 여호와 앞에 무릎을 꿇자. 그는 우리의 하나님이시요 우리는 그가 기르시는 백성이며 그의 손이 돌보시는 양이기 때문이라.

40 제1계명에서 금지하는 것은 무엇입니까?

미신과 우상숭배입니다. 하나님 외에 그 무엇도 하나님의 자리에 세워 두거나 올라설 수 없습니다.

마 4:10 이에 예수께서 말씀하시되 사탄아, 물러가라. 기록되었으되 주 너의 하나님께 경배하고 다만 그를 섬기라 하였느니라.

41 '다른 신들'^{출 20:3}이란 무엇을 가리킵니까?

'다른 신들'이란 하나님을 모르는 사람들 또는 다른 종교의 신만 뜻하는 게 아닙니다. 우리의 마음과 생각을 사로잡고 몸과 영혼을 움직이는 것이 있다면, 그것이 바로 일종의 신입니다. 그래서 신이란 '궁극적 관심'Ultimate Concern 또는 '인생의 제1관심사'라고 표현할 수도 있습니다. 예를 들어, 돈이나 명예나 특정 인물을 모든 것 이상으로 사랑하고 있다면 그 대상 역시 '신'이고, 그것에 사로잡혀 사는 것이 바로 우상숭배입니다.

롬 1:22-23, 25 스스로 지혜 있다 하나 어리석게 되어 썩어지지 아니하는 하나님의 영광을 썩어질 사람과 새와 짐승과 기어 다니는 동물 모양의 우상으로 바꾸었느니라.……이는 그들이 하나님의 진리를 거짓 것으로 바꾸어 피조물을 조물주보다 더 경배하고 섬김이라. 주는 곧 영원히 찬송할 이시로다. 아멘.

잠 3:5 너는 마음을 다하여 여호와를 신뢰하고 네 명철을 의지하지 말라.

빌 3:18-19 내가 여러 번 너희에게 말하였거니와 이제도 눈물을 흘리며 말하노니 여러 사람들이 그리스도의 십자가의 원수로 행하느니라. 그들의 마침은 멸망이요 그들의 신은 배요 그 영광은 그들의 부끄러움에 있고 땅의 일을 생각하는 자라.

마 6:24 한 사람이 두 주인을 섬기지 못할 것이니 혹 이를 미워하고 저를 사랑하거나 혹 이를 중히 여기고 저를 경히 여김이라. 너희가 하나님과 재물을 겸하여 섬기지 못하느니라.

마 10:37 아버지나 어머니를 나보다 더 사랑하는 자는 내게 합당하지 아니하고 아들이나 딸을 나보다 더 사랑하는 자도 내게 합당하지 아니하며.

시 146:3-4 귀인들을 의지하지 말며 도울 힘이 없는 인생도 의지하지 말지니 그의 호흡이 끊어지면 흙으로 돌아가서 그날에 그의 생각이 소멸하리로다.

『대교리문답』, 52-53. "일반적으로 '신'이란 사람들이 소망하는 모든 좋은 것, 온갖 시련의 피난처가 되는 대상입니다. 그러므로 '어떤 신을 섬긴다'는 말은 그 대상을 진심으로 믿고 신뢰하는 것을 뜻합니다.……당신의 마음이 매달려 있고 당신의 모든 것을 지탱하는 대상, 그것이 바로 당신의 신입니다. 그러므로 이 계명은 우리에게 바른 믿음과 진정한 신뢰를 요청합니다. 다시 말해, 무엇이 참되고 유일한 신인지 올바로 판단하여 마음을 오직 그곳에만 두라는 뜻입니다."

『대교리문답』, 54. "물론 그런 사람들도 일종의 신을 섬기고 있습니다. 그 신의 이름은 '맘몬'입니다. 맘몬은 돈과 재물의 신입니다. 맘몬을 섬기는 이들은 모든 마음을 돈과 재물에 두고 있는 사람들입니다. 이것이야말로 이 땅에서 가장 흔한 우상입니다."

42 하나님은 제1계명으로 우리에게 무엇을 요청합니까?

우리가 모든 것 이상으로 하나님을 두려워하고, 모든 것 이상으로 하나님을 사랑하며, 모든 것 이상으로 하나님을 신뢰하는 것입니다.

43 '모든 것 이상으로 하나님을 두려워한다'는 것은 무슨 뜻입니까?

하나님은 거룩하신 분입니다. 하나님은 우리와 달리 그분의 말씀과 약속에 매여 있어서 그분의 말씀대로 만물을 공의로 세심하게 다스립니다. 그 때문에 하나님의 뜻을 거스르는 것은 언제나 그분의 진노가 됩니다. 하나님의 심판을 면하거나 피할 수 있는 것은 아무것도 없습니다. 그러므로 우리는 모든 것 이상으로 하나님을 두려워해야 합니다.

사 6:3 서로 불러 이르되 거룩하다 거룩하다 거룩하다 만군의 여호와여, 그의 영광이 온 땅에 충만하도다 하더라.

시 5:5-6 오만한 자들이 주의 목전에 서지 못하리이다. 주는 모든 행악자를 미워하시며 거짓말하는 자들을 멸망시키시리이다. 여호와께서는 피 흘리기를 즐기는 자와 속이는 자를 싫어하시나이다.

시 33:8-9 온 땅은 여호와를 두려워하며 세상의 모든 거민들은 그를 경외할지어다. 그가 말씀하시매 이루어졌으며 명령하시매 견고히 섰도다.

렘 23:23-24 여호와의 말씀이니라. 나는 가까운 데에 있는 하나님이요 먼 데에 있는 하나님은 아니냐. 여호와의 말씀이니라. 사람이 내게 보이지 아니하려고 누가 자신을 은밀한 곳에 숨길 수 있겠느냐. 여호와가 말하노라. 나는 천지에 충만하지 아니하냐.

시 139:1-4 여호와여, 주께서 나를 살펴보셨으므로 나를 아시나이다. 주께서 내가 앉고 일어섬을 아시고 멀리서도 나의 생각을 밝히 아시오며 나의 모든 길과 내가 눕는 것을 살펴보셨으므로 나의 모든 행위를 익히 아시오니 여호와여, 내 혀의 말을 알지 못하시는 것이 하나도 없으시니이다.

창 39:9 이 집에는 나보다 큰 이가 없으며 주인이 아무것도 내게 금하지 아니하였어도 금한 것은 당신뿐이니 당신은 그의 아내임이라. 그런즉 내가 어찌 이 큰 악을 행하여 하나님께 죄를 지으리이까.

마 10:28 몸은 죽여도 영혼은 능히 죽이지 못하는 자들을 두려워하지 말고 오직 몸과 영혼을 능히 지옥에 멸하실 수 있는 이를 두려워하라.

『대교리문답』 67. "대충 살아서는 안 됩니다. 이 말씀에 대해서 신경 쓸 일 아니라고 생각하는 짐승 같은 마음의 소유자들은 결국 불 속으로 뛰어드는 것과 같습니다. 하나님은 그분의 계명을 외면하는 자에게 그대로 갚아 주십니다. 하나님의 진노는 쉼이 없고, 저들이 완전히 사라질 때까지 사 대에 이릅니다. 그러므로 하나님을 두려워해야지 무시해서는 안 됩니다."

44 '모든 것 이상으로 하나님을 사랑한다'는 것은 무슨 뜻입니까?

하나님은 한없이 선하고 인자하십니다. 그분은 그분의 말씀과 약속에 매여 있어서 그분의 말씀대로 만물을 진심어린 사랑으로 대하십니다. 우리를 향한 그 사랑이 바로 십자가에서 온전히 드러났습니다. 그러므로 우리는 모든 것 이상으로 하나님을 사랑해야 합니다.

요일 4:16 하나님이 우리를 사랑하시는 사랑을 우리가 알고 믿었노니 하나님은 사랑이시라. 사랑 안에 거하는 자는 하나님 안에 거하고 하나님도 그의 안에 거하시느니라.

요일 4:9 하나님의 사랑이 우리에게 이렇게 나타난 바 되었으니 하나님이 자기의 독생자를 세상에 보내심은 그로 말미암아 우리를 살리려 하심이라.

요일 4:19 우리가 사랑함은 그가 먼저 우리를 사랑하셨음이라.

시 18:1-3 나의 힘이신 여호와여, 내가 주를 사랑하나이다. 여호와는 나의 반석이시요 나의 요새시요 나를 건지시는 이시요 나의 하나님이시요 내가 그 안에 피할 나의 바위시요 나의 방패시요 나의 구원의 뿔이시요 나의 산성이시로다. 내가 찬송 받으실 여호와께 아뢰리니 내 원수들에게서 구원을 얻으리로다.

요일 5:3 하나님을 사랑하는 것은 이것이니 우리가 그의 계명들을 지키는 것이라. 그의 계명들은 무거운 것이 아니로다.

『대교리문답』. 69. "그러나 약속 안에 담겨 있는 위로는 더욱 강력합니다. 그 약속은 하나님이 우리에게 당신의 자비를 실제로 베푸신다는 진리입니다. 그러므로 오직 하나님만 단단히 붙드십시오. 그분의 선하심과 축복은 믿는 당사자에게만 해당되지 않습니다. 천 대에 이르기까지 자녀들에게 베푸십니다. 이렇듯 이 계명은 우리를 복된 약속 안으로 들어가게 합니다."

'모든 것 이상으로 하나님을 신뢰한다'는 것은 무슨 뜻입니까?

생사고락의 모든 자리에서 하나님은 우리와 동행하시며, 그분의 말씀과 약속을 신실하게 지키고 이루십니다. 이것이 우리의 유일한 소망이고 믿음의 기초입니다.

사 28:29 이도 만군의 여호와께로부터 난 것이라. 그의 경영은 기묘하며 지혜는 광대하니라.

시 33:4 여호와의 말씀은 정직하며 그가 행하시는 일은 다 진실하시도다.

사 41:10 두려워하지 말라. 내가 너와 함께함이라. 놀라지 말라. 나는 네 하나님이 됨이라. 내가 너를 굳세게 하리라. 참으로 너를 도와주리라. 참으로 나의 의로운 오른손으로 너를 붙들리라.

시 37:3-6 여호와를 의뢰하고 선을 행하라. 땅에 머무는 동안 그의 성실을 먹을거리로 삼을지어다. 또 여호와를 기뻐하라. 그가 네 마음의 소원을 네게 이루어 주시리로다. 네 길을 여호와께 맡기라. 그를 의지하면 그가 이루시고 네 의를 빛 같이 나타내시며 네 공의를 정오의 빛 같이 하시리로다.

시 42:11 내 영혼아, 네가 어찌하여 낙심하며 어찌하여 내 속에서 불안해하는가. 너는 하나님께 소망을 두라. 나는 그가 나타나 도우심으로 말미암아 내 하나님을 여전히 찬송하리로다.

사 49:15 여인이 어찌 그 젖 먹는 자식을 잊겠으며 자기 태에서 난 아들을 긍휼히 여기지 않겠느냐. 그들은 혹시 잊을지라도 나는 너를 잊지 아니할 것이라.

『대교리문답』, 72. "하나님은 당신의 약속을 진실로 지키십니다. 그렇기에 당부합니다. 눈에 보이는 현상에 속지 마십시오. 악마와 세상은 그것으로 당신을 속이려 듭니다. 그러나 눈에 보이는 것은 잠깐입니다. 결국 아무것도 아닙니다."

제2계명

"너는 네 하나님 여호와의 이름을 망령되게 부르지 말라."출 20:7

이것은 무슨 뜻입니까?

하나님을 두려워하고 사랑하라는 뜻입니다. 우리는 하나님의 이름으로 저주하고 맹세하거나 간악한 사술을 쓰거나 거짓말하거나 속이지 말고, 대신 모든 위급한 상황에서 그분의 이름을 부르고 기도하며 찬양하고 감사해야 합니다.

---

46 왜 두 번째 계명을 설명하면서 제1계명에 나왔던 '하나님을 두려워하고 사랑하라'는 문구로 시작합니까?

모든 계명은 제1계명을 돋보이게 하는 부록과 같습니다. 제1계명을 잘 지키면 나머지 계명들은 저절로 따라오게 되어 있습니다.

『대교리문답』, 73. "순전한 마음으로 하나님을 섬기며 첫 번째 계명을 지킨다면 다른 모든 계명은 저절로 성취될 것입니다."

47 그렇다면 제1계명과 다른 점은 무엇입니까?

제1계명은 모든 생각과 행동의 뿌리가 되는 내적 마음에 관한 내용이고, 제2계명은 그 마음에서 표현되는 외적 열매에 관한 내용입니다.

『대교리문답』, 73. "첫째 계명에서 바른 마음과 바른 믿음이 무엇인지 가르쳤습니다. 이제 둘째 계명입니다. 이 계명은 이제 외적인 곳으로 인도합니다. 즉 우리의 입술과 혀가 하나님께 합당한 자리에 위치하도록 가르칩니다. 왜냐하면 마음에서 시작하여 밖으로 드러나는 가장 첫째 되는 관문이 '말'이기 때문입니다."

48 하나님께서 제2계명으로 금지하시는 것은 무엇입니까?

하나님의 이름을 엉뚱한 데 사용하는 것입니다. 특히 하나님의 이름으로 맹세하고 저주하고 공갈치고 거짓말하고 사술로 남을 속이는 일들을 금지합니다.

롬 12:14 너희를 박해하는 자를 축복하라. 축복하고 저주하지 말라.

약 3:9-10 이것으로 우리가 주 아버지를 찬송하고 또 이것으로 하나님의 형상대로 지음을 받은 사람을 저주하나니 한 입에서 찬송과 저주가 나오는도다. 내 형제들아, 이것이 마땅하지 아니하니라.

『대교리문답』, 74. "하나님의 이름을 오용한다는 것은, 입으로는 하나님을 주님이라고 부르면서 매사에 거짓과 악한 습관을 일삼는 것을 말합니다."

49 여기서 '하나님의 이름으로 맹세하지 말라'는 것은 어떤 경우를 말하는 것입니까?

공적 선서나 하나님 앞에 바르게 서약하는 것(서원)과는 상관없는 말입니다. 여기서 금지하는 맥락은 하나님이 아닌 것에 대해 맹세하거나, 자기 자신을 합리화하기 위해 하나님의 이름을 갖다 붙이는 것을 뜻합니다.

마 5:34-37 나는 너희에게 이르노니 도무지 맹세하지 말지니 하늘로도 하지 말라. 이는 하나님의 보좌임이요. 땅으로도 하지 말라. 이는 하나님의 발등상임이요. 예루살렘으로도 하지 말라. 이는 큰 임금의 성임이요. 네 머리로도 하지 말라. 이는 네가 한 터럭도 희고 검게 할 수 없음이라. 오직 너희 말은 옳다 옳다, 아니라 아니라 하라. 이에서 지나는 것은 악으로부터 나느니라.

50 '서원'誓願이란 무엇입니까?

서원이란 하나님의 거룩한 이름으로 약속하며 그 내용을 밝히는 것을 뜻합니다. 우리 자신은 아무것도 아니지만 거룩하신 하나님이 내 진심어린 말의 증인이자 최후의 판관이 되어 주시기를 그분께 요청하는 것이 바로 우리가 해야 할 맹세이며 거룩한 서약입니다.

신 6:13 네 하나님 여호와를 경외하며 그를 섬기며 그의 이름으로 맹세할 것이니라.

히 6:16 사람들은 자기보다 더 큰 자를 가리켜 맹세하나니 맹세는 그들이 다투는 모든 일의 최후 확정이니라.

51 하나님 앞에서 서원할 때 필요한 것은 무엇입니까?

하나님을 향한 진심어린 마음, 서원의 내용에 대한 깊은 고민, 그리고 자신을 돌아봄이 필요합니다. 그런 다음 순종하는 마음으로 기도하며 필요한 것을 그분께 간절히 구해야 합니다.

52 서원하면서 죄를 짓는 경우는 어떤 때입니까?

필요하지도 않은 것을 맹세하는 경우, 기도 없이 맹세하는 경우, 아무런 고민 없이 맹세하는 경우입니다. 특히 서원하고도 지키지 않는 것은 맹세가 거짓으로 드러나는 위증에 해당합니다. 이것은 최악의 경우라 할 수 있는데, 자기 입으로 하나님을 속인 것이기 때문입니다. 그 죄의 대가는 피할 수 없습니다.

민 30:2 사람이 여호와께 서원하였거나 결심하고 서약하였으면 깨뜨리지 말고 그가 입으로 말한 대로 다 이행할 것이니라.

레 19:12 너희는 내 이름으로 거짓 맹세함으로 네 하나님의 이름을 욕되게 하지 말라. 나는 여호와이니라.

거짓 맹세는 만유의 주재이신 하나님을 조롱하는 일입니
다. 하나님은 우리가 서원할 때 증인이자 최후의 판관으로
계셨습니다. 거기서 하나님은 우리의 간절한 서원을 그분
의 은총으로 도우려고 작정하셨습니다. 하지만 거짓 맹세
는 그렇게 우리를 도우시는 하나님을 거짓말쟁이로 만들
어 버립니다. 그 때문에 하나님은 거짓 맹세하는 자를 그
분의 법정으로 불러 세우시고 진노로 심판하십니다.

출 20:7 너는 네 하나님 여호와의 이름을 망령되게 부르지 말라. 여
호와는 그의 이름을 망령되게 부르는 자를 죄 없다 하지 아니하리라.

겔 17:18-21 그가 이미 손을 내밀어 언약하였거늘 맹세를 업신여겨
언약을 배반하고 이 모든 일을 행하였으니 피하지 못하리라. 그러므
로 주 여호와의 말씀이니라. 내가 나의 삶을 두고 맹세하노니 그가
내 맹세를 업신여기고 내 언약을 배반하였은즉 내가 그 죄를 그 머
리에 돌리되 그 위에 내 그물을 치며 내 올무에 걸리게 하여 끌고 바
벨론으로 가서 나를 반역한 그 반역을 거기에서 심판할지며 그 모든
군대에서 도망한 자들은 다 칼에 엎드러질 것이요 그 남은 자는 사
방으로 흩어지리니 나 여호와가 이것을 말한 줄을 너희가 알리라.

갈 6:7 스스로 속이지 말라. 하나님은 업신여김을 받지 아니하시나니
사람이 무엇으로 심든지 그대로 거두리라.

히 10:31 살아 계신 하나님의 손에 빠져 들어가는 것이 무서울진저.

『대교리문답』, 76-77. "거짓말과 속임수는 그 자체로 이미 큰 죄입니

다. 그런데 그 악한 일에 하나님의 이름을 들먹이며 정당화시키고 설득하고, 거기에 두터운 망토까지 덧입히려고 한다면, 죄의 무게는 더욱 가중됩니다. 하나의 거짓말이 둘로 변하고 점점 눈덩이처럼 불어나기 마련입니다."

54   '사술'^{zaubern}이란 무엇입니까?

사술은 '마술' 또는 '요술'이라는 말로도 바꿀 수 있습니다. 그러나 여기서 하나님이 금지하는 사술은 단순히 사람들의 흥을 돋우기 위한 오락 차원의 마술이 아닙니다. 하나님은 그분이 창조하신 세계를 질서와 조화 가운데 움직이십니다. 그 질서를 거스르는 기적이나 신비 또는 초자연적 힘을 하나님의 이름을 빌려 사용하거나 그런 일을 벌이는 행위가 바로 하나님이 금하시는 사술이고 사악한 마술입니다.

55   그런 일은 언제 생깁니까?

모든 종류의 미신적 행동에서 나타납니다. 주문을 외우거나 예언하거나 부적을 붙이거나 귀신을 쫓아낸다면서 굿을 벌이는 것이 바로 미신입니다. 교회 밖에서만 이런 일이 일어나는 게 아닙니다. 교회 안에서도 성령의 이름으로, 삼위일체 하나님의 이름으로, 십자가를 들고, 성찬 떡과 포도주를 들고 엉뚱한 짓을 하거나, 하나님의 말씀을

주문으로 만들거나, 기도한답시고 하나님의 이름으로 초
자연적 힘을 불러들이거나 접신하는 짓도 하나님의 이름
을 욕되게 하는 미신입니다.

레 19:31 너희는 신접한 자와 박수를 믿지 말며 그들을 추종하여 스
스로 더럽히지 말라. 나는 너희 하나님 여호와이니라.

렘 23:31 여호와의 말씀이니라. 보라. 그들이 혀를 놀려 여호와가 말
씀하셨다 하는 선지자들을 내가 치리라.

마 15:9 사람의 계명으로 교훈을 삼아 가르치니 나를 헛되이 경배하
는도다 하였느니라 하시고.

신 12:32 내가 너희에게 명령하는 이 모든 말을 너희는 지켜 행하고
그것에 가감하지 말지니라.

『대교리문답』 75. "가장 빈번하고 심각한 오용은 양심과 관련된 '영적
인 곳'(교회)에서 일어납니다. 거짓 설교자들이 터무니없는 거짓말을
하나님 말씀인 것처럼 지껄이는 경우가 바로 이에 해당합니다."

56   우리는 왜 어리석게 그런 죄를 범하는 것입니까?

스스로 그렇게 하든, 아니면 남에게 부탁해서 그런 일을
하든 간에 이것은 믿음을 거부하는 행동입니다. 이런 일을
할 때 부지불식간에 마귀는 그 틈을 비집고 들어옵니다.

신 18:10-12 그의 아들이나 딸을 불 가운데로 지나게 하는 자나 점
쟁이나 길흉을 말하는 자나 요술하는 자나 무당이나 진언자나 신접
자나 박수나 초혼자를 너희 가운데에 용납하지 말라. 이런 일을 행하
는 모든 자를 여호와께서 가증히 여기시나니 이런 가증한 일로 말미

암아 네 하나님 여호와께서 그들을 네 앞에서 쫓아내시느니라.

사 8:19 어떤 사람이 너희에게 말하기를 주절거리며 속살거리는 신접한 자와 마술사에게 물으라 하거든 백성이 자기 하나님께 구할 것이 아니냐. 산 자를 위하여 죽은 자에게 구하겠느냐 하라.

57 '하나님의 이름으로 거짓말하거나 속이지 말라'는 것은 무슨 뜻입니까?

하나님의 이름과 말씀을 엉뚱하게 가르치는 것, 악한 행동을 방어하고 합리화시키는 데 갖다 붙이는 것, 겉으로는 경건한 체하며 입만 살아 있는 것, 그 입으로 '주여, 주여' 하면서도 이웃을 속이고 등쳐먹고 책임지지 않는 것과 같은 행동을 하지 말라는 것입니다.

시 50:16-21 악인에게는 하나님이 이르시되 네가 어찌하여 내 율례를 전하며 내 언약을 네 입에 두느냐. 네가 교훈을 미워하고 내 말을 네 뒤로 던지며 도둑을 본즉 그와 연합하고 간음하는 자들과 동료가 되며 네 입을 악에게 내어 주고 네 혀로 거짓을 꾸미며 앉아서 네 형제를 공박하며 네 어머니의 아들을 비방하는도다. 네가 이 일을 행하여도 내가 잠잠하였더니 네가 나를 너와 같은 줄로 생각하였도다. 그러나 내가 너를 책망하여 네 죄를 네 눈앞에 낱낱이 드러내리라 하시는도다.

시 1:1 복 있는 사람은 악인들의 꾀를 따르지 아니하며 죄인들의 길에 서지 아니하며 오만한 자들의 자리에 앉지 아니하고.

사 5:20 악을 선하다 하며 선을 악하다 하며 흑암으로 광명을 삼으며 광명으로 흑암을 삼으며 쓴 것으로 단 것을 삼으며 단 것으로 쓴 것을 삼는 자들은 화 있을진저.

마 15:8 이 백성이 입술로는 나를 공경하되 마음은 내게서 멀도다.

마 7:21 나더러 주여, 주여, 하는 자마다 다 천국에 들어갈 것이 아니요 다만 하늘에 계신 내 아버지의 뜻대로 행하는 자라야 들어가리라.

58   하나님께서 이 계명으로 요청하시는 것은 무엇입니까?

모든 위급한 상황에서 하나님의 이름을 부르고 기도하며 찬송하고 감사하라는 뜻입니다.

시 50:15 환난 날에 나를 부르라. 내가 너를 건지리니 네가 나를 영화롭게 하리로다.

마 7:7 구하라. 그리하면 너희에게 주실 것이요. 찾으라. 그리하면 찾아낼 것이요. 문을 두드리라. 그리하면 너희에게 열릴 것이라.

시 103:1 내 영혼아, 여호와를 송축하라. 내 속에 있는 것들아, 다 그의 거룩한 이름을 송축하라.

시 118:1 여호와께 감사하라. 그는 선하시며 그의 인자하심이 영원함이로다.

『대교리문답』 234. "기도하는 것은 하나님의 계명이고, 동시에 우리의 의무입니다.……"하나님의 이름을 망령되게 부르지 말라!" 이것은 거룩한 그분의 이름을 찬양하고, 모든 위급한 순간에 그분의 이름을 부르며 기도하라는 명령입니다. 그분의 이름을 부르는 것이 곧 기도입니다."

59 여기서 '기도'란 무엇을 가리킵니까?

가장 좋고 가장 선한 모든 것을 하나님께 구하는 일입니다.

약 1:17 온갖 좋은 은사와 온전한 선물이 다 위로부터 빛들의 아버지
께로부터 내려오나니.

「대교리문답」236-237. "기도는 하나님께서 명하신 준엄한 일입니다.
그러므로 누구든지 '내 기도는 별 쓸모없다'는 식으로 경홀히 생각
지 말고, 위대한 덕목이자 계명으로 여기시기 바랍니다.……내가 나
된 것은 내가 잘났기 때문이 아닙니다. 하나님의 계명이 나를 가치
있게 만듭니다."

60 '하나님의 이름으로 찬양한다'는 것은 무슨 뜻입니까?

말씀대로 살아가며 모든 영광을 하나님께 돌리는 것입니다.

고전 10:31 그런즉 너희가 먹든지 마시든지 무엇을 하든지 다 하나님
의 영광을 위하여 하라.

61 '하나님의 이름으로 감사한다'는 것은 무슨 뜻입니까?

그분의 선하시고 인자하심을 매사에 기쁘게 받아들이는
것입니다.

시 106:1 할렐루야, 여호와께 감사하라. 그는 선하시며 그 인자하심
이 영원함이로다.

62 이 계명의 핵심은 무엇입니까?

하나님의 이름을 선용하고 선한 습관을 만들어 가는 것,

그리고 자녀들을 위한 선한 양육입니다.

『대교리문답』, 85-86. "아주 작은 삶의 구석에서도 첫째, 둘째 계명이 입에 오르내리고 늘 행동으로 드러나게 하십시오. 이런 교육은 뿌리가 단단히 박히고 자라서 좋은 열매를 맺는 것에 비유할 수 있습니다. 이 아이들이 자라게 되면, 결국 나라는 인재를 얻는 기쁨을 누리게 될 것입니다.……이 계명의 가르침은 단순히 '말의 사용'에 국한되지 않습니다. 습관을 형성하고 삶에 녹아들게 하라는 것입니다. 분명히 명심할 것은, 하나님의 이름을 바르게 사용하면 하나님이 진심으로 기뻐하시고 그 사용에 대해 풍성히 갚아 주신다는 사실입니다."

제3계명

"안식일을 기억하여 거룩하게 지키라." 출 20:8

이것은 무슨 뜻입니까?

하나님을 두려워하고 사랑하라는 뜻입니다. 우리는 설교와 말씀을 소홀히 여기지 말고, 대신 그 말씀을 거룩히 여겨 즐겨 듣고 배워야 합니다.

63   '안식일'이란 무엇입니까?

안식일은 쉬면서 회복하는 날로, 쉼을 주기 위해 하나님께서 거룩하게 구별하신 날입니다.

『대교리문답』, 87-88. "이날은 다른 어느 날보다 거룩한 쉼의 날로 명령되었습니다. 고된 일을 중지하고 쉬게 하는 이 계명은 겉으로 보면 유대인에게만 주신 율법입니다. 그러나 하나님은 이 계명을 주시면서 인간을 비롯한 모든 가축들에게도 새 힘을 얻어 일상에서 지치지 않도록 명령하셨습니다."

『대교리문답』, 89. "그리스도인이라면 이렇게 안식하고 휴식하는 날이 유식하여 잘난 체하고 잘 배운 사람들에게 주어진 것이 아니라는 점을 알아야 합니다. 그런 사람에게는 휴일이 필요 없습니다."

64 하나님께서 이 계명을 통해 요청하시는 것은 무엇입니까?

설교를 경청하고 하나님의 뜻을 배워 그 말씀을 거룩하게 지키는 것입니다.

『대교리문답』, 90. "이날에 가장 중요한 직무는 말씀이 선포되는 설교입니다. 원칙적으로 이날의 설교는 (쉼이 필요한) 젊은이와 가난한 자들을 위한 것입니다."

65 '설교를 경청하고 말씀을 거룩하게 지킨다'는 것은 무슨 뜻입니까?

하나님의 말씀과 선포되는 설교를 하나님의 말씀으로 받아들이고, 그 말씀을 모든 것 이상으로 두렵고 떨리는 마음으로 사랑하며 실천한다는 뜻입니다.

살전 2:13 이러므로 우리가 하나님께 끊임없이 감사함은 너희가 우리에게 들은 바 하나님의 말씀을 받을 때에 사람의 말로 받지 아니하고 하나님의 말씀으로 받음이니 진실로 그러하도다. 이 말씀이 또한 너희 믿는 자 가운데에서 역사하느니라.

요 10:27 내 양은 내 음성을 들으며 나는 그들을 알며 그들은 나를 따르느니라.

갈 6:6 가르침을 받는 자는 말씀을 가르치는 자와 모든 좋은 것을 함께하라.

66 '하나님의 말씀을 경청한다'는 것은 무슨 뜻입니까?

가슴 깊이 새기며 기쁘게 귀담아듣는다는 뜻입니다.

시 26:8 여호와여, 내가 주께서 계신 집과 주의 영광이 머무는 곳을 사랑하오니.

눅 11:28 예수께서 이르시되 오히려 하나님의 말씀을 듣고 지키는 자가 복이 있느니라 하시니라.

요 8:47 하나님께 속한 자는 하나님의 말씀을 들나니 너희가 듣지 아니함은 하나님께 속하지 아니하였음이로다.

67 '하나님의 말씀을 배운다'는 것은 무슨 뜻입니까?

믿음의 원천은 말씀입니다. 배워야 믿음이 굳건해집니다. 말씀에 기초한 믿음이 인생을 생명의 길로 인도합니다. 그렇기 때문에 우리는 말씀을 끊임없이 배워야 합니다.

롬 10:17 그러므로 믿음은 들음에서 나며 들음은 그리스도의 말씀으로 말미암았느니라.

약 1:22 너희는 말씀을 행하는 자가 되고 듣기만 하여 자신을 속이는 자가 되지 말라.

약 1:27 하나님 아버지 앞에서 정결하고 더러움이 없는 경건은 곧 고아와 과부를 그 환난 중에 돌보고 또 자기를 지켜 세속에 물들지 아니하는 그것이니라.

『대교리문답』, 96-97. "말씀은 듣기만 할 것이 아니라 배우고 지켜야 합니다. 이 말씀은 이래도 좋고 저래도 좋은 것이거나 하찮은 것으로 여길 만한 성질의 것이 아니라, 바로 하나님의 계명입니다. 그렇기에 하나님은 우리가 당신의 말씀을 어떻게 듣고 배우고 실천하고 있는지 반드시 물으실 것입니다."

68 하나님께서 이 계명을 통해 경고하시는 것은 무엇입니까?

하나님의 말씀과 설교를 우습게 여기지 말라는 것입니다.

69 '설교를 우습게 여긴다'는 것은 무슨 뜻입니까?

교회 공동체에서 모든 직무가 거룩하게 구별되어 있듯이, 설교의 직무 역시 거룩하게 구별되어 있습니다. 기도와 땀이 묻어 있는 설교를 우습게 여기는 것은 교회 공동체로부터 세움받은 거룩한 직무와 질서를 가치 없게 여긴다는 뜻입니다. 또한 설교를 우습게 여기는 것은 공적 예배를 우습게 여긴다는 뜻입니다. 이는 결국 하나님께서 그분의 말씀을 들으며 쉼을 얻으라고 명령하신 거룩한 안식일을 다른 날과 섞어 버리는 것이 되기에 그분의 명령을 어기는 것입니다.

고후 5:18 모든 것이 하나님께로서 났으며 그가 그리스도로 말미암
아 우리를 자기와 화목하게 하시고 또 우리에게 화목하게 하는 직분
을[2] 주셨으니.

눅 10:16 너희 말을 듣는 자는 곧 내 말을 듣는 것이요 너희를 저버리
는 자는 곧 나를 저버리는 것이요 나를 저버리는 자는 나 보내신 이
를 저버리는 것이라 하시니라.

히 10:23-25 또 약속하신 이는 미쁘시니 우리가 믿는 도리의 소망
을 움직이지 말며 굳게 잡고 서로 돌아보아 사랑과 선행을 격려하며
모이기를 폐하는 어떤 사람들의 습관과 같이 하지 말고 오직 권하여
그날이 가까움을 볼수록 더욱 그리하자.

히 13:17 너희를 인도하는 자들에게 순종하고 복종하라. 그들은 너희
영혼을 위하여 경성하기를 자신들이 청산할 자인 것같이 하느니라.
그들로 하여금 즐거움으로 이것을 하게 하고 근심으로 하게 하지 말
라. 그렇지 않으면 너희에게 유익이 없느니라.

『대교리문답』 96. "하나님의 말씀을 무가치하게 여기는 경박함은 술집
에서 돼지처럼 만취되어 누워 있는 것과 매한가지입니다. 여기에 덧
붙이자면, 다른 여타의 행동들도 마찬가지입니다. 예를 들어 습관적
으로 설교를 들으며 일 년 내내 왔다갔다만 하는 사람들의 경우, 일
년 전 보다 죄가 더 커졌다고 할 수 있습니다."

---

2 원문은 '평화를 선포하는 직분'(das Amt gegeben, das die Versöhnung predigt)이다. 이
것은 교회의 설교 직무에 관한 말씀이다.

교회에서 설교 시간만 되면 졸기 일쑤이고 설교를 귓등으로 듣는 것, 그 반대로 설교의 감독관이 되어 삐딱하게 들으며 따지기 좋아하는 것, 집에 가서는 말씀 한 구절 쳐다보지 않고 기도하지도 않는 것, 하나님의 말씀은 주일에 한 번 눈으로 훑어보는 것으로 만족하는 것, 말씀은 듣기만 하고 스스로 공부하지도 고민하지도 않는 것과 같은 태도와 행동입니다.

골 3:16-17 그리스도의 말씀이 너희 속에 풍성히 거하여 모든 지혜로 피차 가르치며 권면하고 시와 찬송과 신령한 노래를 부르며 감사하는 마음으로 하나님을 찬양하고 또 무엇을 하든지 말에나 일에나 다 주 예수의 이름으로 하고 그를 힘입어 하나님 아버지께 감사하라. 『대교리문답』 95. "하나님은 당신의 말씀을 하찮게 여기거나, 듣지 않고 배우려 하지 않는 자들, 특히 말씀 시간에 그렇게 건성으로 듣고 행동하는 자들을 반드시 벌하십니다."

『대교리문답』 97. "설교를 한두 차례 듣고 '내가 이미 다 알고 있는 내용이니 더 이상 듣거나 배울 필요가 없다'고 생각하며 잘난 체하는 사람들은 마땅히 벌을 받아야 합니다. 이것이야말로 죽을죄로 꼽혔던 죄목입니다. '아케디아'[accedia] 곧 '게으름'과 '타성'의 죄입니다. 이것은 참으로 악하고 재앙 같은 것입니다."

안식일은 바로 하나님의 말씀을 들을 수 있는 기회가 되기 때문입니다. 안식일의 거룩함은 하나님의 말씀에 달려 있습니다. 말씀을 듣지 않는다면 안식일의 거룩함도 사라지고 일상의 거룩함도 사라집니다. 우리는 말씀으로 악을 이기고 일상에서 살아갈 힘을 얻습니다.

『대교리문답』 98-99. "하나님의 말씀은 우리에게 늘 새로운 이해와 새로운 기쁨, 새로운 경건을 일깨워 주며 순전한 마음과 생각을 창조합니다. 왜냐하면 말씀은 게으르거나 죽어 있는 것이 아니라, 힘과 생명이 있기 때문입니다. 악마는 다른 관심이나 필요를 만들어 내서 우리가 말씀에 이르지 못하도록 방해할 수도 있습니다. 그러나 하나님의 말씀은 악마를 몰아내고 심지어 사냥합니다. 게다가 그 말씀이 모든 사람으로 하여금 안식일을 거룩히 지키도록 합니다."

제4계명

"네 부모를 공경하라."출 20:12

이것은 무슨 뜻입니까?

하나님을 두려워하고 사랑하라는 뜻입니다. 우리는 부모와 윗사람을[3] 멸시하거나 화나게 하지 말고, 대

신 공경하고 섬기며 존중하고 사랑하는 마음으로
대해야 합니다.

72 이 계명에서 '부모'는 누구를 말합니까?

당연히 육신의 부모를 뜻합니다. 하지만 여기서 그치지 않습니다. 하나님께서 우리에게 주신 삶의 자리는 혈연이라는 가족 공동체뿐만 아니라, 국민과 시민이라고 하는 정치·경제 공동체, 그리고 영적 공동체인 교회까지 포함됩니다. 이런 각각의 삶의 자리에는 우리를 향한 하나님의 소명이 담겨 있습니다. 그리고 하나님은 그곳에서 부모의 역할을 할 수 있는 사람을 모두 세워 두셨습니다.[4]

『대교리문답』 119 "세상 정부는 앞에서 암시한 대로 가장 넓은 의미에서 아버지의 위치에 있다고 볼 수 있습니다. 왜냐하면 이 계명에서 말하는 '아버지'란 단순히 한 가정의 아버지가 아니기 때문입니다. 거주민의 아버지, 시민의 아버지, 종들의 아버지 등 여러 아버지가 있을 수 있습니다."

3　원문 'Herrn'는 '주인'이라는 뜻이지만, 통상 '권위를 부여받은 사람'을 의미한다. 이 문장에서는 지역 통치권을 가진 영주(Landesherrn)와 영적 공동체(교회)의 목회자(Pfarrherrn)를 뜻한다.

4　참조. 루터는 『대교리문답』에서 하나님께서 세우신 부모의 역할로 셋을 예로 든다. 육체의 부모, 정치 공동체의 부모인 영주나 왕, 영적 공동체 교회의 부모 곧 목회자를 언급한다.

『대교리문답』. 123-124. "그리스도인이라면 자기들의 영혼을 돌보는 영적 아비를 친절히 대하며 기쁘게 부양하는 일에 '두 배'나 더 힘을 기울여야 합니다. 이는 하나님 앞에서 마땅한 공경의 의무입니다. 하나님은 이를 위해 애쓰는 당신에게 부족함 없이 넉넉히 갚아 주실 것입니다. 그러나 이 대목에서 사람들은 손사래 치며 자기변명하기 일쑤입니다. 오직 자기 배를 곯지나 않을까 염려합니다. 그러다보니 예전에는 '배불뚝이 열 명'도 충분히 부양했는데 이제는 '한 사람'의 정직한 설교자도 제대로 섬기도 못하는 형편이 되어 버렸습니다. 결국 그 대가를 받게 될 것입니다. 하나님은 당신의 말씀과 복을 거두시고 거짓말쟁이 설교자를 세워서, 우리를 악한 곳으로 인도하여 우리의 피와 땀을 짜내게 할 것입니다. 그러나 하나님의 뜻과 계명을 받드는 모든 자들에게 주어진 약속이 있습니다. 그것은 육과 영의 아비에게 기여하고 베푼 모든 것을 하나님은 풍성히 갚아 주신다는 것입니다."

73   하나님께서 이 계명을 통해 요청하시는 것은 무엇입니까?

우리의 부모와 윗사람을 공경하고, 그들을 섬기며 순종하고, 사랑으로 귀하게 모셔야 합니다. 여기에 덧붙여, 이 계명은 아이들을 선하게 양육할 것도 명령합니다.

벧전 2:13-14 인간의 모든 제도를 주를 위하여 순종하되 혹은 위에 있는 왕이나 혹은 그가 악행하는 자를 징벌하고 선행하는 자를 포상하기 위하여 보낸 총독에게 하라.

『대교리문답』. 127-128. "우리에게는 능수능란한 (미래의) 지도자들이 필요합니다.⋯⋯그렇다면 우리 자녀들이 하나님과 세상을 섬길 수 있도록, 아이들을 가르치고 교육하는 일에 우리의 노력과 시간과 경비를 아끼지 말아야 합니다.……하나님은 그분의 뜻을 따라 양육하고 훈육하라는 명령과 함께 우리에게 자녀를 주시고 맡겼습니다. 그렇지 않다면 하나님은 '부모'의 직무를 필요로 하지 않으셨을 것입니다. 그러므로 각자 명심하시기 바랍니다. 모든 것 이상으로 하나님을 두려워하십시오. 그 지식으로 자녀들을 양육하십시오. 이 책임을 간과하면 하나님의 은총을 상실하게 될 것입니다."

74 어떤 식으로 공경해야 합니까?

부모의 자리는 하나님께서 세우신 거룩한 직무입니다. 그분이 세우신 직무 자체로 거룩합니다. 그 때문에 부모 구실 못하는 부모라도 자신의 자리를 감사히 여겨야 하며, 자식들은 부모를 하나님 대하듯 온 정성을 다하여 공경해야 합니다.

레 19:32 너는 센 머리 앞에서 일어서고 노인의 얼굴을 공경하며 네 하나님을 경외하라.

롬 13:1 각 사람은 위에 있는 권세들에게 복종하라. 권세는 하나님으로부터 나지 않음이 없나니 모든 권세는 다 하나님께서 정하신 바라.

벧전 2:17-18 뭇 사람을 공경하며 형제를 사랑하며 하나님을 두려워하며 왕을 존대하라. 사환들아, 범사에 두려워함으로 주인들에게 순종하되 선하고 관용하는 자들에게만 아니라 또한 까다로운 자들에게도 그리하라

히 13:17 너희를 인도하는 자들에게 순종하고 복종하라. 그들은 너희

영혼을 위하여 경성하기를 자신들이 청산할 자인 것같이 하느니라. 그들로 하여금 즐거움으로 이것을 하게 하고 근심으로 하게 하지 말라. 그렇지 않으면 너희에게 유익이 없느니라.

75　어떤 식으로 섬겨야 합니까?

부모의 말과 행동을 언제나 감사와 선한 의도로 받아들이고, 그분들을 위해 항상 기도하며, 부모가 나이 들어 힘이 없게 되면 자식 된 도리로 그분들의 생계를 책임져야 합니다.

딤전 2:1-2 그러므로 내가 첫째로 권하노니 모든 사람을 위하여 간구와 기도와 도고와 감사를 하되 임금들과 높은 지위에 있는 모든 사람을 위하여 하라. 이는 우리가 모든 경건과 단정함으로 고요하고 평안한 생활을 하려 함이라.

76　어떤 식으로 순종해야 합니까? 그리고 '사랑으로 귀하게 모셔야 한다'는 것은 무엇을 뜻합니까?

우리를 향한 부모의 가르침과 뜻이 하나님의 계명을 거스르지 않는 한 기꺼이 따라야 합니다. 설령 강한 훈육이나 지나친 면이 있다 하더라도, 대들지 말고 하나님 앞에서 하듯 참고 받아들이기 바랍니다. 우리는 항상 부모로부터 가장 귀한 것이 샘솟는다는 것을 마음 깊이 새기고 살아야 합니다. 부모를 내 몸처럼 대하면 모든 것은 자연스레 따라옵니다.

골 3:20 자녀들아, 모든 일에 부모에게 순종하라. 이는 주 안에서 기쁘게 하는 것이니라.

행 5:29 베드로와 사도들이 대답하여 이르되 사람보다 하나님께 순종하는 것이 마땅하니라.

마 7:12 그러므로 무엇이든지 남에게 대접을 받고자 하는 대로 너희도 남을 대접하라. 이것이 율법이요 선지자니라.

77   이 계명을 잘 지키는 자에 대하여 하나님께서 무엇을 약속하셨습니까?

부모와 웃어른을 잘 섬기는 자에게 화평과 장수를 약속하셨습니다.

엡 6:1-3 자녀들아, 주 안에서 너희 부모에게 순종하라. 이것이 옳으니라. 네 아버지와 어머니를 공경하라. 이것은 약속이 있는 첫 계명이니 이로써 네가 잘되고 땅에서 장수하리라.

『대교리문답』, 112. "'장수하리라'는 성경말씀은 단지 오래 산다는 뜻만이 아니라, 장수하며 누리게 될 모든 좋은 것을 소유한다는 뜻을 담고 있습니다. 즉 건강, 아내와 자녀, 양식, 평안, 좋은 정부 등을 가지게 된다는 의미입니다."

78   하나님께서 이 계명을 통해 금지하시는 것은 무엇입니까?

자녀 된 자들은 부모와 웃어른을 무시하거나 뒤에서 욕하

거나 노엽게 해서는 안 됩니다. 또한 부모 된 자들은 자기의 자리와 나이를 무기 삼아 자녀들 위에 군림하거나 폭력을 사용해서는 안 되며, 자녀들이 악한 길로 가지 않도록 해야 합니다. 부모의 자리는 하나님께서 세우신 직무이기 때문에 결코 가볍게 여길 수 있는 자리가 아닙니다. 모든 자리는 하나님께서 주신 것이므로 항상 감사와 사랑으로 하나님의 모습이 드러나야 합니다.

잠 30:17 아비를 조롱하며 어미 순종하기를 싫어하는 자의 눈은 골짜기의 까마귀에게 쪼이고 독수리 새끼에게 먹히리라.

롬 13:2 그러므로 권세를 거스르는 자는 하나님의 명을 거스름이니 거스르는 자들은 심판을 자취하리라.

『대교리문답』 129. "당신 스스로 제아무리 경건하고 거룩하다고 해도 잘못된 자녀 교육으로 인해 받게 될 하나님의 진노와 죄의 결과는 당신 자녀에게 미치는 지옥이 될 것입니다."

79 이 계명이 관심을 갖고 있는 문제는 무엇입니까?

삶의 자리에서 생겨나는 권위와 복종, 그리고 사랑의 문제입니다.

『대교리문답』 130. "우리는 영적 통치와 세상 통치를 아버지의 공적 권한과 연결하여 살펴보았습니다. 여기서 관심은 하나님과 세상이 가진 권위에 대한 복종의 문제였는데, 이것들은 집안 문제라고 할 수 있습니다."

제5계명

"살인하지 말라."출 20:13

이것은 무슨 뜻입니까?

하나님을 두려워하고 사랑하라는 뜻입니다. 우리는 이웃의 몸을 상하게 하거나 근심하게 하지 말고, 대신 이웃이 살아가는 데 필요한 모든 것을 풍족히 공급받도록 도와주어야 합니다.

80 이 계명에서 '살인'은 어떤 것을 말합니까?

모든 생명은 존귀합니다. 타살이나 자살은 물론이고 이웃에게 말과 몸짓으로 욕하고 위협하는 것도 살인입니다. 심지어 죽이고 싶은 마음을 갖는 것도 살인입니다. 그리고 누구에게든지 해를 끼치는 것은 살인입니다.

마 5:21-22 옛 사람에게 말한 바 살인하지 말라. 누구든지 살인하면 심판을 받게 되리라 하였다는 것을 너희가 들었으나 나는 너희에게 이르노니 형제에게 노하는 자마다 심판을 받게 되고 형제를 대하여 라가라 하는 자는 공회에 잡혀가게 되고 미련한 놈이라 하는 자는 지옥 불에 들어가게 되리라.

창 9:6 다른 사람의 피를 흘리면 그 사람의 피도 흘릴 것이니 이는 하나님이 자기 형상대로 사람을 지으셨음이니라.

『대교리문답』, 131. "그리스도는 이 계명을 요약하시는데, 손이나 마음이나 입이나 상징이나 그 외의 것으로도 살인해서는 안 되며, 이것을 방조하거나 교사해서도 안 된다고 하십니다. 따라서 이 계명은 이성을 잃고 분노하는 것도 금지한다고 볼 수 있습니다."

81 생사여탈권生死與奪權은 누구에게 달려 있습니까?

오직 하나님께만 있습니다. 만물의 생명과 죽음은 오직 그분의 말씀에 달려 있으니, 두려움을 버리고 옳은 일을 위해 용감하게 살아야 합니다.

신 32:39 이제는 나 곧 내가 그인 줄 알라. 나 외에는 신이 없도다. 나는 죽이기도 하며 살리기도 하며 상하게도 하며 낫게도 하나니 내 손에서 능히 빼앗을 자가 없도다.

출 9:5-6 여호와께서 기한을 정하여 이르시되 여호와가 내일 이 땅에서 이 일을 행하리라 하시더니. 이튿날에 여호와께서 이 일을 행하시니 애굽의 모든 가축은 죽었으나 이스라엘 자손의 가축은 하나도 죽지 아니한지라.

롬 13:4 그는 하나님의 사역자가 되어 네게 선을 베푸는 자니라. 그러나 네가 악을 행하거든 두려워하라. 그가 공연히 칼을 가지지 아니하였으니 곧 하나님의 사역자가 되어 악을 행하는 자에게 진노하심을 따라 보응하는 자니라.

마 10:28 몸은 죽여도 영혼은 능히 죽이지 못하는 자들을 두려워하지 말고 오직 몸과 영혼을 능히 지옥에 멸하실 수 있는 이를 두려워하라.

82 우리에게는 자살하거나 자해할 권리가 없습니까?

너무 멀리 나갔습니다. 나는 나의 소유가 아닙니다. 내 몸과 영혼과 생명은 모두 하나님의 위대한 작품입니다. 자신의 귀한 차에 낙서하거나 흠집 낼 바보 주인이 있을까요? 생명은 그것과 비교할 수 없을 만큼 귀합니다. 하나님은 그분의 귀한 작품을 내 손으로 보호하고 아름답게 가꾸시기를 원합니다.

롬 14:7-8 우리 중에 누구든지 자기를 위하여 사는 자가 없고 자기를 위하여 죽는 자도 없도다. 우리가 살아도 주를 위하여 살고 죽어도 주를 위하여 죽나니 그러므로 사나 죽으나 우리가 주의 것이로다.

83 '마음으로도 살인한다'고 했는데 어떤 경우입니까?

이성을 잃고 분노하는 것, 미워하는 것, 복수를 다짐하며 증오하는 것, 이웃의 아픔을 공감하지 못하고 눈물을 외면하는 것, 옆집이 잘 되면 배 아파하고, 망하거나 실패하면 이불 뒤집어쓰고 실실거리는 것 등입니다.

요일 3:15 그 형제를 미워하는 자마다 살인하는 자니 살인하는 자마다 영생이 그 속에 거하지 아니하는 것을 너희가 아는 바라.

롬 12:19 내 사랑하는 자들아, 너희가 친히 원수를 갚지 말고 하나님의 진노하심에 맡기라. 기록되었으되 원수 갚는 것이 내게 있으니 내가 갚으리라고 주께서 말씀하시니라.

약 3:16 시기와 다툼이 있는 곳에는 혼란과 모든 악한 일이 있음이라.

누가 당신의 '이웃'입니까?

이웃은 '나 다음 사람', '내 바로 곁에 있는 사람'이라는 뜻
입니다. 그런 이유로 나의 이웃은 내 부모와 가족, 친구로
부터 시작하여 내가 살아가는 곳에서 관계하는 모든 사람
을 의미합니다. 성경은 이런 의미를 가장 넓게 확장합니
다. 그 때문에 성경이 가르치는 이웃은 친구와 적을 가리
지 않습니다. 가난한 자, 소외된 자, 원수마저도 우리의 이
웃입니다. 게다가 이제는 사람뿐 아니라 이 땅의 모든 피
조세계 곧 만물이 우리의 이웃입니다. 생명을 담고 있다
면, 그 어떤 것이라도 우리의 이웃입니다. '둘째 돌판'은 이
러한 이웃에게 사랑과 신실함으로 계명을 실천하라는 하
나님의 준엄한 명령입니다.

말 2:10 우리는 한 아버지를 가지지 아니하였느냐 한 하나님께서 지
으신 바가 아니냐 어찌하여 우리 각 사람이 자기 형제에게 거짓을
행하여 우리 조상들의 언약을 욕되게 하느냐.

마 5:43-44 네 이웃을 사랑하고 네 원수를 미워하라 하였다는 것을
너희가 들었으나 나는 너희에게 이르노니 너희 원수를 사랑하며 너
희를 박해하는 자를 위하여 기도하라.

롬 13:8-10 피차 사랑의 빚 외에는 아무에게든지 아무 빚도 지지 말

라. 남을 사랑하는 자는 율법을 다 이루었느니라. 간음하지 말라, 살인하지 말라, 도둑질하지 말라, 탐내지 말라 한 것과 그 외에 다른 계명이 있을지라도 네 이웃을 네 자신과 같이 사랑하라 하신 그 말씀 가운데 다 들었느니라. 사랑은 이웃에게 악을 행하지 아니하나니 그러므로 사랑은 율법의 완성이니라.

고전 13:1-7 내가 사람의 방언과 천사의 말을 할지라도 사랑이 없으면 소리 나는 구리와 울리는 꽹과리가 되고 내가 예언하는 능력이 있어 모든 비밀과 모든 지식을 알고 또 산을 옮길 만한 모든 믿음이 있을지라도 사랑이 없으면 내가 아무것도 아니요 내가 내게 있는 모든 것으로 구제하고 또 내 몸을 불사르게 내줄지라도 사랑이 없으면 내게 아무 유익이 없느니라. 사랑은 오래 참고 사랑은 온유하며 시기하지 아니하며 사랑은 자랑하지 아니하며 교만하지 아니하며 무례히 행하지 아니하며 자기의 유익을 구하지 아니하며 성내지 아니하며 악한 것을 생각하지 아니하며 불의를 기뻐하지 아니하며 진리와 함께 기뻐하고 모든 것을 참으며 모든 것을 믿으며 모든 것을 바라며 모든 것을 견디느니라.

마 7:12 그러므로 무엇이든지 남에게 대접을 받고자 하는 대로 너희도 남을 대접하라. 이것이 율법이요 선지자니라.

『대교리문답』 136-137. "이 계명에 담긴 하나님의 본래 의도는 아무에게도 해를 입히지 말고 도리어 선과 사랑으로 모든 사람에게 증명하라는 것입니다. 더 정확히 말하면, '원수에게도 그렇게 하라'는 명령입니다. 왜냐하면 그리스도께서 마태복음 5장에서 말씀하셨듯이, 친구에게 선을 베푸는 것은 이방인들도 할 수 있는 지극히 평범한 윤리이기 때문입니다."

하나님께서 이 계명으로 금지하시는 것은 무엇입니까?

우리 이웃에게 해를 입히지 말라는 것입니다. 육체적으로 상해를 입히는 것은 물론이고, 정신적으로 또는 어떤 종류든지 해를 끼치지 말라는 것입니다.

엡 4:31-32 너희는 모든 악독과 노함과 분냄과 떠드는 것과 비방하는 것을 모든 악의와 함께 버리고 서로 친절하게 하며 불쌍히 여기며 서로 용서하기를 하나님이 그리스도 안에서 너희를 용서하심과 같이 하라.

딤전 5:8 누구든지 자기 친족 특히 자기 가족을 돌보지 아니하면 믿음을 배반한 자요 불신자보다 더 악한 자니라.

86 하나님께서 이 계명으로 요청하시는 것은 무엇입니까?

위기에 놓인 이웃을 돕는 것뿐만 아니라, 이웃이 사는 데 필요한 모든 것을 풍족히 공급받도록 즐거이 돕고 힘쓰라는 것입니다. 이것은 어떤 특정한 시간과 장소, 인물보다 평범한 일상이 참으로 거룩하고 가치 있다는 것을 일깨우며, 그 일상 가운데 하나님의 계명을 실천하라는 뜻입니다.

롬 12:15 즐거워하는 자들과 함께 즐거워하고 우는 자들과 함께 울라.

사 58:7 또 주린 자에게 네 양식을 나누어 주며 유리하는 빈민을 집에 들이며 헐벗은 자를 보면 입히며 또 네 골육을 피하여 스스로 숨지 아니하는 것이 아니겠느냐.

요일 3:16 그가 우리를 위하여 목숨을 버리셨으니 우리가 이로써 사랑을 알고 우리도 형제들을 위하여 목숨을 버리는 것이 마땅하니라. 『대교리문답』 138-139. "이 계명에 따르면, 평범한 그리스도인으로 살아가는 자리가 오히려 더욱 가치가 있습니다.……(수도사 생활이 아니라) 하나님의 계명을 (일상에서) 행하는 것이야말로 바르고 거룩하며 신성한 일을 실천하는 것입니다. 하나님께서는 이것을 모든 천사들과 함께 기뻐하십니다. 이와 반대로 '거룩'의 이름으로 사람들이 만든 모든 것은 말장난이며 악취가 풍기는 쓰레기에 불과합니다. 결국 이것들은 하나님의 진노와 저주를 받기에 합당한 것들입니다."

87 어떻게 하면 그렇게 살 수 있습니까?

가장 좋은 것으로 서로 소통하며 용납하여 선한 관계로 나아가기를 힘써야 합니다.

갈 6:9 우리가 선을 행하되 낙심하지 말지니 포기하지 아니하면 때가 이르매 거두리라.

마 5:25 너를 고발하는 자와 함께 길에 있을 때에 급히 사화하라. 그 고발하는 자가 너를 재판관에게 내어 주고 재판관이 옥리에게 내어 주어 옥에 가둘까 염려하라.

마 6:15 너희가 사람의 잘못을 용서하지 아니하면 너희 아버지께서도 너희 잘못을 용서하지 아니하시리라.

엡 4:32 서로 친절하게 하며 불쌍히 여기며 서로 용서하기를 하나님이 그리스도 안에서 너희를 용서하심과 같이 하라.

제6계명

"간음하지 말라." 출 20:14

이것은 무슨 뜻입니까?

하나님을 두려워하고 사랑하라는 뜻입니다. 우리는
정결한 말과 올곧은 행동을 해야 하고, 부부는 서로
사랑하고 존경해야 합니다.

88 여기서 '부부'란 무엇입니까?

성경의 말씀대로 둘이 한 몸이 되어 생사고락을 함께 나누
는 평생의 동반자 관계입니다. 이것은 하나님께서 명하신
관계이기 때문에 왕이나 성직자보다 더 고귀합니다.

창 2:18 여호와 하나님이 이르시되 사람이 혼자 사는 것이 좋지 아니
하니 내가 그를 위하여 돕는 배필을 지으리라 하시니라.

마 19:4-6 예수께서 대답하여 이르시되 사람을 지으신 이가 본래 그
들을 남자와 여자로 지으시고 말씀하시기를 그러므로 사람이 그 부
모를 떠나서 아내에게 합하여 그 둘이 한 몸이 될지니라 하신 것을
읽지 못하였느냐. 그런즉 이제 둘이 아니요 한 몸이니 그러므로 하나
님이 짝지어 주신 것을 사람이 나누지 못할지니라.

『대교리문답』, 139-140. "부부는 살과 피를 같이하는 한 몸입니다. 손상

된 부부관계만큼 큰 아픔은 어디서도 찾을 수 없습니다. 그러므로 자신의 반려자에게 수치와 해를 끼치지 않는 것이야 말로 이웃 사랑의 확장이라고 이 계명은 분명히 가르칩니다."

『대교리문답』 148. "결혼은 성직자의 직무보다 귀하고 위대하며 선한 행동입니다."

89 하나님께서 이 계명으로 금지하시는 것은 무엇입니까?

부부 관계와 신뢰가 깨지는 것을 금지합니다. 부부가 서로 존중하지 않고 권위로 상대를 압박하거나 집 안팎에서 부정한 짓을 하는 모든 것이 여기 해당됩니다.

마 5:27-28 간음하지 말라 하였다는 것을 너희가 들었으나 나는 너희에게 이르노니 음욕을 품고 여자를 보는 자마다 마음에 이미 간음하였느니라.

갈 5:19 육체의 일은 분명하니 곧 음행과 더러운 것과 호색과.

90 하나님께서 이 계명으로 요청하시는 것은 무엇입니까?

결혼은 어떤 것과 비교할 수 없을 정도로 귀합니다. 그렇기 때문에 말과 행동으로 정결을 지키고, 반려자를 존중하며 사랑하고 신뢰하는 것입니다.

『대교리문답』 143. "결혼생활은 다른 어떤 삶의 자리와 비교할 수 없습니다. 왕이나 영주, 주교나 그 밖의 어떤 자리보다 뛰어나며 능가하는 위치에 있습니다. 이미 말했듯이, 성직자든 세상 권세자든 간에 모든 사람은 결혼 앞에서 겸손히 고개 숙여야 합니다."

91 '정결을 지킨다'는 것은 무슨 뜻입니까?

우리의 몸과 영혼이 하늘을 우러러 한 점 부끄럼 없이 살아간다는 뜻입니다.

살전 4:3-5 하나님의 뜻은 이것이니 너희의 거룩함이라. 곧 음란을 버리고 각각 거룩함과 존귀함으로 자기의 아내 대할 줄을 알고 하나님을 모르는 이방인과 같이 색욕을 따르지 말고.

고전 6:19-20 너희 몸은 너희가 하나님께로부터 받은 바 너희 가운데 계신 성령의 전인 줄을 알지 못하느냐. 너희는 너희 자신의 것이 아니라 값으로 산 것이 되었으니 그런즉 너희 몸으로 하나님께 영광을 돌리라.

92 정결함을 증명하는 방법은 무엇입니까?

무슨 일을 하든지 순전한 마음과 절제된 언어로 신중하게 행동하되, 언제나 하나님 앞에 서 있다는 마음가짐으로 악에 대해서는 단호히 거부하며, 언제나 선과 의로움을 추구하며 살아야 합니다. 진정한 정결함은 먹고 마시는 일상 속에서 드러납니다.

고전 15:33-34 속지 말라. 악한 동무들은 선한 행실을 더럽히나니 깨어 의를 행하고 죄를 짓지 말라.

엡 5:3-4 음행과 온갖 더러운 것과 탐욕은 너희 중에서 그 이름조차도 부르지 말라. 이는 성도에게 마땅한 바니라. 누추함과 어리석은 말이나 희롱의 말이 마땅치 아니하니 오히려 감사하는 말을 하라.

롬 13:13-14 낮에와 같이 단정히 행하고 방탕하거나 술 취하지 말며 음란하거나 호색하지 말며 다투거나 시기하지 말고 오직 주 예수 그리스도로 옷 입고 정욕을 위하여 육신의 일을 도모하지 말라.

빌 4:8 끝으로 형제들아, 무엇에든지 참되며 무엇에든지 경건하며 무엇에든지 옳으며 무엇에든지 정결하며 무엇에든지 사랑받을 만하며 무엇에든지 칭찬받을 만하며 무슨 덕이 있든지 무슨 기림이 있든지 이것들을 생각하라.

93 '부부는 서로 사랑하고 존경해야 한다'는 것은 무슨 뜻입니까?

서로 상대방이 하나님의 선물인 것을 알라는 말입니다. 나의 반려자가 하나님이 주신 선물이라면, 사랑과 존중은 자연스레 샘솟게 될 것입니다. 또한 이런 아름다운 부부 관계는 그리스도와 교회의 관계로도 설명할 수 있습니다. 우리는 교회를 하나님께서 나에게 주신 선물로 알고, 사랑하고 존중하고 신뢰하며 살아야 합니다.

엡 5:21-25 그리스도를 경외함으로 피차 복종하라. 아내들이여, 자기 남편에게 복종하기를 주께 하듯 하라. 이는 남편이 아내의 머리 됨이 그리스도께서 교회의 머리 됨과 같음이니 그가 바로 몸의 구주시니라. 그러므로 교회가 그리스도에게 하듯 아내들도 범사에 자기 남편에게 복종할지니라. 남편들아, 아내 사랑하기를 그리스도께서 교회를 사랑하시고 그 교회를 위하여 자신을 주심 같이 하라.

제 7 계명

"도둑질하지 말라." 출 20:15

이것은 무슨 뜻입니까?

하나님을 두려워하고 사랑하라는 뜻입니다. 우리는
이웃의 돈과 물건을 부정한 방법으로 취하지 말고,
대신 이웃의 재물과 먹거리가 풍성해지도록 돕고
보호해야 합니다.

94 하나님께서 이 계명으로 금지하시는 것은 무엇입니까?

강탈, 절도뿐만 아니라 이웃을 향한 탐욕과 인색까지[5] 금
지하십니다.

딤전 6:9-10 부하려 하는 자들은 시험과 올무와 여러 가지 어리석고

---

5 재물에 대한 탐욕이 지나쳐서 이웃과 나누지 않는 죄를 '인색'이라고 부른다. 기독
교 역사에서 인색은 '일곱 가지 근원적인 죄'로 구분할 정도로 중죄로 꼽힌다. 그런데 '인
색'(Avaritia)이라는 말은 단순히 돈과 재물에만 관련된 게 아니다. 원래 의미 속에는 '있는
그대로 평가하지 않는 죄'란 뜻이 담겨 있다. 그러고 보면, 우리가 일상에서 범하는 인색은
비일비재하다. 훌륭한 동료를 두고 시기하며 깎아내리는 것도 '인색'이다. 반대로 악한 동
료를 앞에 두고 눈감는 것도 인색이다. '예'할 것에 뒷북치고, '아니요' 할 것에 침묵하는 것
도 인색이다. 인색은 도둑질하지 말라는 하나님의 계명을 위반한 범죄다. 잘난 사람 잘났다
고 박수쳐 주고, 나쁜 놈은 나쁜 놈이라고 '빽' 소리치는 게 인색의 반대말이고, 그게 기독
교적이다. 하지만 우리는 남 잘되는 꼴을 보기 싫어한다. 그게 인색한 우리 모습이다. 인색
한 자는 기독교적이지 않다.

해로운 욕심에 떨어지나니 곧 사람으로 파멸과 멸망에 빠지게 하는 것이라. 돈을 사랑함이 일만 악의 뿌리가 되나니 이것을 탐내는 자들은 미혹을 받아 믿음에서 떠나 많은 근심으로써 자기를 찔렀도다.

마 16:26 사람이 만일 온 천하를 얻고도 제 목숨을 잃으면 무엇이 유익하리요. 사람이 무엇을 주고 제 목숨과 바꾸겠느냐.

마 6:31-32 그러므로 염려하여 이르기를 무엇을 먹을까 무엇을 마실까 무엇을 입을까 하지 말라. 이는 다 이방인들이 구하는 것이라. 너희 하늘 아버지께서 이 모든 것이 너희에게 있어야 할 줄을 아시느니라.

95 '이웃의 돈과 물건을 취한다'는 것은 무슨 뜻입니까?

하나님께서 이웃에게 주신 소유를 빼앗는 악한 행위를 말합니다. 하지만 가장 큰 도둑은 은밀히 또는 법의 틈새를 이용해 합법적으로 이웃의 재화를 탈취하는 자들입니다.

렘 27:5 나는 내 큰 능력과 나의 쳐든 팔로 땅과 지상에 있는 사람과 짐승들을 만들고 내가 보기에 옳은 사람에게 그것을 주었노라.

『대교리문답』, 152. "(큰) 도둑들은 현금털이범이나 금고털이범들과 달리 귀족처럼 의자에 앉아 법을 지키며 존경받는 시민으로 칭송받습니다. 그러면서 법의 테두리 안에서 절도하고 도둑질합니다. 어쩌면 이런 진짜 큰 도둑에 맞서 싸우려면 작은 좀도둑쯤은 침묵하는 편이 나을지도 모르겠습니다. 큰 도둑은 황제와 영주들을 대동하여 이 도시에서 저 도시로 옮겨 다니며 온 독일 천지를 매일 약탈합니다."

96 '부정한 방법'이란 어떤 것을 말합니까?

중고품을 신제품으로 속이거나, 일당을 속여 지불하거나, 게으르게 일하고 급여를 받거나, 공들인 것을 알고도 헐값에 후려치거나, 타인의 지적 재산을 도용하거나, 은밀하게 복제하거나, 표절하여 이득을 취하는 모든 행위가 부정한 도둑질이고 심판받아 마땅한 일입니다.

눅 16:10 지극히 작은 것에 충성된 자는 큰 것에도 충성되고 지극히 작은 것에 불의한 자는 큰 것에도 불의하니라.

렘 22:13 불의로 그 집을 세우며 부정하게 그 다락방을 지으며 자기의 이웃을 고용하고 그의 품삯을 주지 아니하는 자에게 화 있을진저.

살전 4:5 하나님을 모르는 이방인과 같이 색욕을 따르지 말고.

레 19:13 너는 네 이웃을 억압하지 말며 착취하지 말며 품꾼의 삯을 아침까지 밤새도록 네게 두지 말며.

레 19:35-36 너희는 재판할 때나 길이나 무게나 양을 잴 때 불의를 행하지 말고 공평한 저울과 공평한 추와 공평한 에바와 공평한 힌을 사용하라. 나는 너희를 인도하여 애굽 땅에서 나오게 한 너희의 하나님 여호와이니라.

97 하나님께서 이 계명으로 요청하시는 것은 무엇입니까?

이웃이 살아가는 데 필요한 재화를 보호하고 증진시키는 데 힘쓰라는 것입니다.

히 13:16 오직 선을 행함과 서로 나누어 주기를 잊지 말라. 하나님은 이 같은 제사를 기뻐하시느니라.

출 23:4-5 네가 만일 네 원수의 길 잃은 소나 나귀를 보거든 반드시 그 사람에게로 돌릴지며 네가 만일 너를 미워하는 자의 나귀가 짐을 싣고 엎드러짐을 보거든 그것을 버려두지 말고 그것을 도와 그 짐을 부릴지니라.

마 7:12 그러므로 무엇이든지 남에게 대접을 받고자 하는 대로 너희도 남을 대접하라. 이것이 율법이요 선지자니라.

마 25:40 내가 진실로 너희에게 이르노니 너희가 여기 내 형제 중에 지극히 작은 자 하나에게 한 것이 곧 내게 한 것이니라.

눅 6:35 오직 너희는 원수를 사랑하고 선대하며 아무것도 바라지 말고 꾸어 주라. 그리하면 너희 상이 클 것이요 또 지극히 높으신 이의 아들이 되리니 그는 은혜를 모르는 자와 악한 자에게도 인자하시니라.

『대교리문답』. 160. "영주와 정부는 무역과 상거래의 모든 분야에서 가난한 자들이 아픔을 당하거나 착취당하지 않도록, 그리고 타인의 범죄로 인해 고통당하지 않도록 질서를 바로잡아야 합니다. 이 일을 위해 공적 직무를 과감하게 수행해야 합니다."

『대교리문답』. 160. "이 계명은 좁은 의미로만 국한될 수 없고, 더 넓게 보아 이웃과 관계하는 모든 영역까지 확대됩니다. 이 계명의 첫째 주제는 '금지'입니다. 이웃에게 손해를 입히거나 부정한 일을 하지 말라는 것입니다. 이에 덧붙여 생각할 것은, 이웃의 소유와 재물을 감소시키거나 손상시키거나 부당하게 취급하지 말라는 것입니다. 우리는 이런 일에 동의하지도 눈감지도 말아야 합니다. 오히려 이런 불의함에 대적하고, 미연에 방지해야 합니다."

우리가 이웃의 좋은 친구, 기댈 구석이 되도록 노력해야 합니다. 설령 형편이 어려운 이웃을 돕는 데 나의 시간과 물질이 소모된다고 하더라도 그렇게 해야 마땅합니다. 이 것은 하나님의 준엄한 명령이기 때문입니다.

엡 4:28 도둑질하는 자는 다시 도둑질하지 말고 돌이켜 가난한 자에 게 구제할 수 있도록 자기 손으로 수고하여 선한 일을 하라.

마 6:3-4 너는 구제할 때에 오른손이 하는 것을 왼손이 모르게 하여 네 구제함을 은밀하게 하라. 은밀한 중에 보시는 너의 아버지께서 갚 으시리라.

고후 9:7 각각 그 마음에 정한 대로 할 것이요 인색함으로나 억지로 하지 말지니 하나님은 즐겨 내는 자를 사랑하시느니라.

「대교리문답」 161. "이것은 하나님 마음에 합한 것이고 참으로 복된 일 입니다. 더 나아가 이런 일을 행하는 자는 하나님의 놀라운 축복을 넘치도록 받게 됩니다. 솔로몬이 잠언(19:17)에서 가르치듯이 이웃 의 필요를 채워 주고 친절로 이 일을 준행하는 자는 하나님이 풍성 히 갚아 주십니다. '가난한 자를 불쌍히 여기는 것은 여호와께 꾸어 드리는 것이니 그의 선행을 그에게 갚아 주시리라.' 당신은 부요한 주님을 섬기고 있습니다. 그분은 당신을 충족시키시며 어떤 것도 부 족함 없이 채워 주시는 분입니다. 그러므로 부정과 불의로 긁어모은 재산과는 비교할 수 없는 기쁜 양심이 당신을 만족시킬 것입니다. 이 축복을 원하지 않는 자는 진노와 불행을 당할 것입니다."

제8계명

"네 이웃에 대하여 거짓 증거하지 말라."^{출 20:16}

이것은 무슨 뜻입니까?

하나님을 두려워하고 사랑하라는 뜻입니다. 우리는
이웃에 대해 거짓말하고 배신하거나 뒤에서 헐뜯
지 말고, 대신 선하게 감싸며 좋은 것을 말하고 귀
하게 대해야 합니다.

99   '거짓 증거한다'는 것은 무슨 뜻입니까?

거짓으로 말하고 행동하는 모든 것을 뜻합니다. 우리는 하
나님께서 주신 양심에 따라 숨김과 보탬 없이 사실 그대로
말하고 행동해야 합니다.

100   하나님께서 이 계명으로 금지하시는 것은 무엇입니까?

거짓말과 위선적 행동입니다. 특히 이 계명에서는 이웃을
향한 거짓 증언뿐 아니라 혐오와 배신, 중상모략까지 금지
합니다.

엡 4:25 그런즉 거짓을 버리고 각각 그 이웃과 더불어 참된 것을 말

하라. 이는 우리가 서로 지체가 됨이라.

요 8:44 너희는 너희 아비 마귀에게서 났으니 너희 아비의 욕심대로 너희도 행하고자 하느니라. 그는 처음부터 살인한 자요 진리가 그 속에 없으므로 진리에 서지 못하고 거짓을 말할 때마다 제 것으로 말하나니 이는 그가 거짓말쟁이요 거짓의 아비가 되었음이라.

잠 19:5 거짓 증인은 벌을 면하지 못할 것이요 거짓말을 하는 자도 피하지 못하리라.

잠 11:13 두루 다니며 한담하는 자는 남의 비밀을 누설하나 마음이 신실한 자는 그런 것을 숨기느니라.

101 '이웃에 대해 거짓말한다'는 것은 무슨 뜻입니까?

어떤 사람을 미워하면서 사실과 다르게 말을 전하는 것입니다.

시 28:3 악인과 악을 행하는 자들과 함께 나를 끌어내지 마옵소서. 그들은 그 이웃에게 화평을 말하나 그들의 마음에는 악독이 있나이다.

102 '배신한다'는 것은 무슨 뜻입니까?

믿고 의지해야 할 대상을 등지고 저버리는 행위입니다. 이런 경우 서로 적이 되어 마음속의 미움이 독한 말이 되어 나오고, 급기야 서로 유무형의 상해를 입히기 위해 복수하는 지경에까지 이릅니다.

잠 25:9 너는 이웃과 다투거든 변론만 하고 남의 은밀한 일은 누설하지 말라.

중상모략하며 뒤에서 험담하며 깎아내리는 것입니다. 그 입에서 나오는 독설이 결국 자신의 영혼을 멍들게 만듭니다. 그 대신 우리는 언제나 이웃의 이름과 명예를 존중하고 세우는 데 힘써야 합니다.

약 4:11 형제들아, 서로 비방하지 말라. 형제를 비방하는 자나 형제를 판단하는 자는 곧 율법을 비방하고 율법을 판단하는 것이라. 네가 만일 율법을 판단하면 율법의 준행자가 아니요 재판관이로다.

시 15:1-5 여호와여, 주의 장막에 머무를 자 누구오며 주의 성산에 사는 자 누구오니이까. 정직하게 행하며 공의를 실천하며 그의 마음에 진실을 말하며 그의 혀로 남을 허물하지 아니하고 그의 이웃에게 악을 행하지 아니하며 그의 이웃을 비방하지 아니하며 그의 눈은 망령된 자를 멸시하며 여호와를 두려워하는 자들을 존대하며 그의 마음에 서원한 것은 해로울지라도 변하지 아니하며 이자를 받으려고 돈을 꾸어 주지 아니하며 뇌물을 받고 무죄한 자를 해하지 아니하는 자이니 이런 일을 행하는 자는 영원히 흔들리지 아니하리이다.

진실에 대한 사랑입니다. 특히 이웃에 대하여 흠 없고 진실하게 되기를 바라십니다. 우리의 말과 행동으로 이웃의 명예와 이름이 손상되지 않고, 온전하게 되어 평화를 누리는 것이 하나님의 뜻입니다.

레 19:15 너희는 재판할 때에 불의를 행하지 말며 가난한 자의 편을 들지 말며 세력 있는 자라고 두둔하지 말고 공의로 사람을 재판할지며.

레 19:18 원수를 갚지 말며 동포를 원망하지 말며 네 이웃 사랑하기를 네 자신과 같이 사랑하라. 나는 여호와이니라.

『대교리문답』. 162. "이 계명의 우선되고 분명한 의미는 가난하고 무고한 자들을 향해 거짓 증언하고 고소하며 중상모략을 일삼는 자들을 벌하는 공적 집행에 분명한 방점이 있습니다."

『대교리문답』. 164. "모든 사람이 이웃을 도와 그의 권리를 지탱하도록 해야 합니다. 정당하고 바른 권리는 위축당하거나 왜곡되지 않도록 증진하고 단호히 보호해야 합니다.……특별히 법을 다루는 자들이 목표로 삼아야 할 것은 이것입니다. 모든 사건을 정직하고 공평하게 다루어야 합니다. 옳은 것은 옳다고 해야 합니다. 돈이나 재물이나 명예나 권력 때문에 정의를 왜곡하거나 숨기거나 억압해서는 안 됩니다. 이것이 바로 이 계명의 핵심이며, 법정에서 일어나는 모든 문제에 적용되는 가장 명확한 뜻입니다."

105   이 계명이 교회와 관련있습니까?

당연히 있습니다. 이 계명에 관해 가장 심각하게 고민해야 할 곳은 교회입니다. 하나님의 자녀이며 그리스도의 몸인 교회가 진실을 외면하거나 왜곡하고 불의를 침묵으로 덮는 일은 하나님의 법정에서 변명의 여지가 없는 위증입니다. 또한 하나님의 말씀을 빌미로 신자들을 우매하게 만드는 목회자, 그리고 신실한 목회자를 험담하고 깎아내리는 신자들도 여기에 해당합니다.

『대교리문답』, 165. "(이웃에 대해 거짓 증언하는 문제는 세상 법정뿐만 아니라 영적 법정인 교회에서도 대두됩니다.) 세상은 신실한 설교자와 그리스도인을 가리켜 이단이며 배교자라고 판결하기도 하고, 선동적이라 비난하며 저주받아 마땅하다고 외치기도 합니다. 게다가 하나님의 말씀을 곡해하면서 가장 수치스럽고 불명예스러운 것으로 치부하며 박해하고 모독합니다. 그러나 그대로 두십시오. 진리와 하나님의 자녀들을 저주하고 박해하면서도 그것을 죄로 여기지 않는 것은 눈이 가려진 세상의 본질이기 때문입니다."

『대교리문답』, 124. "사람들은 손사래 치며 자기변명하기 일쑤입니다. 오직 자기 배를 곯지나 않을까 염려합니다. 그러다 보니 예전에는 '배불뚝이 열 명'도 충분히 부양했는데 이제는 '한 사람'의 정직한 설교자도 제대로 섬기도 못하는 형편이 되어 버렸습니다. 결국 그 대가를 우리가 그대로 받게 될 것입니다."

106 '이웃을 선하게 감싸고 귀하게 대해야 한다'는 것은 무슨 뜻입니까?

이웃을 시기와 질투 없이 있는 그대로 받아들이라는 뜻입니다. 말과 행동에 그리스도의 모습이 드러나야 합니다. 이렇게 하는 것은 그리스도의 십자가에서 보여주신 하나님의 끝없는 사랑 때문입니다. 그리스도의 이름으로 혐오와 차별을 일삼고 이웃을 교회에서 구별하고 배제한다면, 바로 이 계명을 위반하는 범죄입니다. 우리가 할 일은 그저 그 사랑으로 품는 것입니다. 설령 우리 맘에 들지 않는 구석이 있더라도 최후의 판단은 오직 하나님께 속해 있다는 것을 명심해야 합니다.

벧전 4:8 무엇보다도 뜨겁게 서로 사랑할지니 사랑은 허다한 죄를 덮느니라.

갈 6:1 형제들아, 사람이 만일 무슨 범죄한 일이 드러나거든 신령한 너희는 온유한 심령으로 그러한 자를 바로잡고 너 자신을 살펴보아 너도 시험을 받을까 두려워하라.

고전 13:4-5 사랑은 오래 참고 사랑은 온유하며 시기하지 아니하며 사랑은 자랑하지 아니하며 교만하지 아니하며 무례히 행하지 아니하며 자기의 유익을 구하지 아니하며 성내지 아니하며 악한 것을 생각하지 아니하며.

잠 31:8-9 너는 말 못하는 자와 모든 고독한 자의 송사를 위하여 입을 열지니라. 너는 입을 열어 공의로 재판하여 곤고한 자와 궁핍한 자를 신원할지니라.

마 18:15 네 형제가 죄를 범하거든 가서 너와 그 사람과만 상대하여 권고하라. 만일 들으면 네가 네 형제를 얻은 것이요.

『대교리문답』, 166-167. "범죄 사실을 알고 있다는 것과 심판하는 일은 엄연히 다릅니다.……당신이 죄를 심판하는 공적 재판관이 되어 권리를 행사할 수 있을 때까지, 죄를 벌하는 대신 그대의 귀를 무덤으로 만들고 그 무덤에 이웃의 죄를 매장하십시오."

『대교리문답』, 169. "쓸데없이 다른 사람을 험담하고 중상하는 사람을 만나게 된다면, 바로 면전에서 책망하여 부끄러움으로 얼굴이 붉어지게 만드십시오."

『대교리문답』, 176. "공적으로 드러난 악한 행실이 아닌 이상, 이웃을 선하게 말하며 해석하는 것은 언제나 귀하고 으뜸가는 덕목입니다."

제9계명

"네 이웃의 집을 탐내지 말라." 출 20:17

이것은 무슨 뜻입니까?

하나님을 두려워하고 사랑하라는 뜻입니다. 우리는 이웃의 유산 목록이나 집을 마음속에 품거나 법정 문서를 내세워 빼앗지 말고, 대신 이웃이 그러한 일을 당할 때 그의 소유를 지키고 보호해 줘야 합니다.

---

107 이 계명에서 '탐낸다'는 것은 무슨 뜻입니까?

지나치게 탐하는 마음입니다.

108 '이웃의 유산 목록이나 집'이란 무엇을 말합니까?

이웃이 정당하게 누리고 있는 직업, 신분, 집, 토지, 유산뿐 아니라, 그의 명예와 모든 사회적 관계까지 포함됩니다.

신 19:14 네 하나님 여호와께서 네게 주어 차지하게 하시는 땅 곧 네 소유가 된 기업의 땅에서 조상이 정한 네 이웃의 경계표를 옮기지 말지니라.

109 '법정 문서를 내세워 빼앗는다'는 것은 무슨 뜻입니까?

탐욕을 채우기 위해 합법을 빌미로 이웃을 압박하고, 심리적 상해와 재산상 손해를 끼치는 일입니다.

마 23:13 화 있을진저 외식하는 서기관들과 바리새인들이여, 너희는 천국 문을 사람들 앞에서 닫고 너희도 들어가지 않고 들어가려 하는 자도 들어가지 못하게 하는도다.

딤전 6:9-10 부하려 하는 자들은 시험과 올무와 여러 가지 어리석고 해로운 욕심에 떨어지나니 곧 사람으로 파멸과 멸망에 빠지게 하는 것이라. 돈을 사랑함이 일만 악의 뿌리가 되나니 이것을 탐내는 자들은 미혹을 받아 믿음에서 떠나 많은 근심으로써 자기를 찔렀도다.

『대교리문답』179. "이웃의 소유를 갈취했지만 합법이기 때문에 법을 어겼다고 비난할 사람은 하나도 없고, 어쩌면 세상에서 부러운 박수를 받을 수 있을지도 모르겠습니다. 그러나 분명한 것은 하나님께서는 이 계명을 통해 그런 행위를 금지한다는 사실입니다."

『대교리문답』181. "어떤 사람이 성이나 도시, 영지 또는 그 외에 다른 어떤 큰 것을 가지고 싶어 합니다. 그래서 친한 연줄을 이용해 뇌물을 주면서 대가성 약속을 주고받습니다. 그리고는 목적물에 대한 합법적 증빙서류를 마련하여 편지와 함께 인장을 찍어 봉인한 후 떳떳하다는 듯 돌아다닙니다. 이런 일은 매우 일상적인 상거래에서도 빈

번히 일어납니다."

110   하나님께서 이 계명으로 요청하시는 것은 무엇입니까?

이웃의 재산을 보호하고 증진하는 데 힘쓰도록 가르치십니다.

제 10 계명

"네 이웃의 아내나, 그의 남종이나 그의 여종이나, 그의 소나 그의 나귀나, 무릇 네 이웃의 소유를 탐내지 말라."^{출 20:17}

이것은 무슨 뜻입니까?

하나님을 두려워하고 사랑하라는 뜻입니다. 이웃의 아내를 유혹하거나, 그의 종을 빼돌리거나, 그의 가축을 못살게 굴지 말고, 대신 그들이 그곳에 머물러 소임을 다하도록 해야 합니다.

---

111   하나님께서 이 계명으로 금지하시는 것은 무엇입니까?

이 계명에서도 역시 탐욕을 금하십니다.

약 1:14-15 오직 각 사람이 시험을 받는 것은 자기 욕심에 끌려 미혹

됨이니 욕심이 잉태한즉 죄를 낳고 죄가 장성한즉 사망을 낳느니라.
『대교리문답』 177. "(이 계명은) 이웃의 아내나 재산을 탐내는 것, 그리고 이런 일을 도모하려는 마음조차 금지하면서 이것도 죄라고 하십니다."

112 '유혹하고 빼돌린다'는 것은 무슨 뜻입니까?

달콤한 말과 뇌물, 지키지 못할 약속이나 다른 여러 방법을 동원해서 이웃에게 근심을 끼치거나 재산상의 피해를 입히는 것을 말합니다.

113 하나님께서 이 계명으로 요청하시는 것은 무엇입니까?

우리 안에 거룩하고 순전한 마음이 충만하기를 바라십니다.

114 거룩하고 순전한 마음이 우리로 하여금 무엇을 하게 합니까?

탐욕을 거부하고 나누는 삶을 살게 합니다. 하나님은 나 자신뿐 아니라 우리의 이웃이 자기 삶의 자리에서 책임 있는 삶을 살도록 하십니다. 이것이 하나님께서 원하시는 '거룩'입니다.

롬 7:7 그런즉 우리가 무슨 말을 하리요 율법이 죄냐 그럴 수 없느니라 율법으로 말미암지 않고는 내가 죄를 알지 못하였으니 곧 율법이 탐내지 말라 하지 아니하였더라면 내가 탐심을 알지 못하였으리라.

레 19:2 너희는 거룩하라. 이는 나 여호와 너희 하나님이 거룩함이니라.

마 5:48 그러므로 하늘에 계신 너희 아버지의 온전하심과 같이 너희도 온전하라.

『대교리문답』, 184-185. "이제 이 계명을 아주 쉬운 말로 풀어 봅시다. 첫째, 이웃에게 손해 입히려고 작정하거나, 그런 일을 방조하거나, 그런 꼬투리도 주지 말고, 오히려 내가 받고 싶어 하는 바를 먼저 베풀고, 이웃의 소유를 지켜 주며, 유익이 더 많아지도록 도와주라는 뜻입니다. 다음으로, 이 계명이 특별히 강조하는 것은 질투와 소유욕을 물리치는 데 있습니다. 하나님은 이 계명으로 이웃에게 해를 끼치는 모든 뿌리와 근원을 제거하고자 하십니다. 그래서 아주 분명하게 이 말씀을 하십니다. '너는 탐내지 말라!' 무엇보다도 하나님은 정결한 마음을 원하십니다. 우리는 살아가는 동안 이 수준까지 도달하지 못할 것입니다. 그렇기에 이 계명은 다른 계명과 마찬가지로 우리가 하나님 앞에서 얼마나 죄인인지 고발할 것입니다."

십계명의 마감말

십계명에 담긴 하나님의 뜻은 무엇입니까?

하나님은 이렇게 말씀하십니다. "나 네 하나님 여호와는 질투하는 하나님인즉 나를 미워하는 자의 죄를 갚되 아버지로부터 아들에게로 삼사 대까지 이르게

하거니와 나를 사랑하고 내 계명을 지키는 자에게는
천 대까지 은혜를 베푸느니라"^{출 20:5-6}

이것은 무슨 뜻입니까?

하나님의 계명을 지키지 않는 자들을 향한 하나님의
진노와 경고입니다. 그러므로 우리는 그분의 진노를
두려워해야 하며, 무엇이든지 계명에 어긋나는 일은
하지 말아야 합니다. 그러나 하나님은 계명을 지키는
모든 사람에게 은혜와 복을 약속하셨습니다. 그러므
로 우리는 모든 것 이상으로 하나님을 사랑하고 신
뢰하면서 그분의 계명을 즐거이 지킬 수 있습니다.

115 하나님은 좋은 말들을 제쳐두고 왜 '질투하는 하나님'이라고 자
신을 소개하십니까?

하나님의 말씀에 순종할 것을 아주 진지하게 당부하시는
표현입니다. 우리의 모든 것이 그분을 향하고, 하나님 이
외의 다른 어떤 것도 그분 이상으로 두려워하거나 사랑하
지 말고, 신뢰하지도 말라는 뜻이 담겨 있습니다. 하나님
께서 가슴속 깊이 우리를 담아 두셨기 때문에 이런 표현이
나온 것입니다.

사 42:8 나는 여호와이니 이는 내 이름이라. 나는 내 영광을 다른 자에게, 내 찬송을 우상에게 주지 아니하리라.

신 4:23-24 너희는 스스로 삼가 너희의 하나님 여호와께서 너희와 세우신 언약을 잊지 말고 네 하나님 여호와께서 금하신 어떤 형상의 우상도 조각하지 말라. 네 하나님 여호와는 소멸하는 불이시요 질투하시는 하나님이시니라.

호 2:19-20 내가 네게 장가 들어 영원히 살되 공의와 정의와 은총과 긍휼히 여김으로 네게 장가 들며 진실함으로 네게 장가 들리니 네가 여호와를 알리라.

요일 2:15-17 이 세상이나 세상에 있는 것들을 사랑하지 말라. 누구든지 세상을 사랑하면 아버지의 사랑이 그 안에 있지 아니하니 이는 세상에 있는 모든 것이 육신의 정욕과 안목의 정욕과 이생의 자랑이니 다 아버지께로부터 온 것이 아니요 세상으로부터 온 것이라. 이 세상도, 그 정욕도 지나가되 오직 하나님의 뜻을 행하는 자는 영원히 거하느니라.

116 하나님은 그분의 질투를 어떤 방식으로 보여주십니까?

하나님은 그분의 계명을 멸시하고 거스르는 자에 대해 적을 대하듯 진노로 심판하십니다. 반면에 그분의 계명을 지키는 자에게는 사랑스러운 자녀에게 하듯 한없는 복을 주십니다. 그분의 약속은 영원히 변치 않고, 그분의 말씀은 신실하게 이루어집니다.

롬 2:6-8 하나님께서 각 사람에게 그 행한 대로 보응하시되 참고 선을 행하여 영광과 존귀와 썩지 아니함을 구하는 자에게는 영생으로 하시고 오직 당을 지어 진리를 따르지 아니하고 불의를 따르는 자에게는 진노와 분노로 하시리라.

사 65:6-7 보라. 이것이 내 앞에 기록되었으니 내가 잠잠하지 아니하고 반드시 보응하되 그들의 품에 보응하리라. 너희의 죄악과 너희 조상들의 죄악은 한 가지니 그들이 산 위에서 분향하며 작은 산 위에서 나를 능욕하였음이라. 그러므로 내가 먼저 그들의 행위를 헤아리고 그들의 품에 보응하리라.

시 103:17-18 여호와의 인자하심은 자기를 경외하는 자에게 영원부터 영원까지 이르며 그의 의는 자손의 자손에게 이르리니 곧 그의 언약을 지키고 그의 법도를 기억하여 행하는 자에게로다.

겔 18:17 내 규례를 지키며 내 율례를 행할진대 이 사람은 그의 아버지의 죄악으로 죽지 아니하고 반드시 살겠고.

시 37:25 내가 어려서부터 늙기까지 의인이 버림을 당하거나 그의 자손이 걸식함을 보지 못하였도다.

117 십계명을 배울 때 깊이 생각해야 할 것은 무엇입니까?

하나님은 공의의 하나님이십니다. 그 때문에 계명을 지키지 않는 자에게 진노의 심판을 주시고, 계명을 지키는 자에게 풍성한 복을 주신다는 것을 기억해야 합니다.

「대교리문답」 191. "이 말씀은 위협적인 진노인 동시에 아주 친절한 복의 약속입니다. 우리를 두려움에 떨게 하고 경고하여 하나님의 뜻 안으로 들어오게 하고, 이를 통해 그분의 뜻 가운데 움직이게 합니다.……이 계명을 멸시하거나 범하는 모든 자들에게 무거운 형벌을 내리실 것이고, 반대로 이 계명을 높이고 기쁘게 행하며 그대로 따라 사는 사람들에게는 모든 좋은 것으로 풍성하게 갚아 주고 복 내리실 것을 약속하십니다.”

118 하나님은 계명을 지키지 않는 사람을 어떻게 다루십니까?

반드시 심판하십니다.

렘 2:19 네 악이 너를 징계하겠고 네 반역이 너를 책망할 것이라. 그런즉 네 하나님 여호와를 버림과 네 속에 나를 경외함이 없는 것이 악이요 고통인 줄 알라. 주 만군의 여호와의 말씀이니라.

신 27:26 이 율법의 말씀을 실행하지 아니하는 자는 저주를 받을 것이라 할 것이요 모든 백성은 아멘 할지니라.

119 하나님은 왜 그리도 심각하게 위협하고 징벌하십니까?

우리로 하여금 그분의 진노를 두려워하고, 악을 피하며, 하나님의 뜻을 따라 복된 삶을 살게 하려는 것입니다.

히 10:30-31 원수 갚는 것이 내게 있으니 내가 갚으리라 하시고 또 다시 주께서 그의 백성을 심판하리라 말씀하신 것을 우리가 아노니 살아 계신 하나님의 손에 빠져 들어가는 것이 무서울진저.

『대교리문답』, 192. “모든 것 이상으로 오직 하나님만을 신뢰하고 사랑하여, 그분 마음에 맞는 일을 행하십시오. 하나님은 아버지처럼 당신의 이야기를 친절하게 들어 주시고 모든 은총과 가장 좋은 것으로 당신에게 공급하실 것입니다.”

계명을 지키는 자에게는 어떤 약속이 주어졌습니까?

한없는 은혜와 복입니다.

왜 은혜와 복입니까?

은혜는 값없이 주시는 하나님의 선물입니다. 우리가 아무
리 애써도 손에 쥘 수 없는 것을 하나님께서 그저 넘겨주
시는 것이 은혜입니다. 그 은혜는 오직 하나님의 사랑을
받는 자만 누릴 수 있습니다. 그 사람에게 하나님은 언제
나 가장 좋은 것으로 가장 적절한 때에 모든 필요를 채워
주십니다. 하나님이 주시는 복은 죄와 죽음과 사망의 권세
에서 풀려나 자유롭게 되는 것이고, 하나님의 나라에서 영
원히 사는 것입니다. 이것은 계명을 지키는 자를 향한 하
나님의 약속입니다.

딤전 4:7-8 망령되고 허탄한 신화를 버리고 경건에 이르도록 네 자
신을 연단하라. 육체의 연단은 약간의 유익이 있으나 경건은 범사에
유익하니 금생과 내생에 약속이 있느니라.

십계명을 다 지키는 원리는 무엇입니까?

첫째 계명을 지킨다면 나머지 계명들은 자동적으로 지킬
수 있게 됩니다.

『대교리문답』, 192. "(첫째 계명 뒤에) 나머지 계명들이 나옵니다. '너는

나 외에 다른 신들을 네게 두지 말라'는 계명은 아주 간단히 말해 '너는 나를 유일하고 참된 신으로 삼아, 두려워하고 사랑하고 신뢰하라'는 요구입니다. 누구든지 이런 마음의 태도를 가질 때 모든 계명을 완수할 수 있게 됩니다. 반대로 누구든지 천지에 있는 다른 어떤 대상을 사랑하고 두려워하는 자는 첫째 계명은 물론이요, 다른 계명 모두 지키지 않는 셈입니다. 이처럼 성경 전체는 곳곳에서 이 계명을 선포하면서, 하나님을 '두려워하라'는 것과 하나님을 '신뢰하라'는 두 점으로 모든 것을 몰아갑니다."

123   우리가 십계명을 다 지킬 수 있습니까?

아니요, 그렇지 않습니다. 우리는 이 계명의 티끌만큼도 지킬 수 없습니다. 그 때문에 우리는 이 계명 앞에서 절망합니다. 하지만 이것이 하나님께서 우리에게 십계명을 주신 이유입니다. 우리 힘으로 할 수 없다는 것을 깨달은 다음, 도대체 이 계명을 지킬 수 있는 힘이 어디서 나오는지 고민하도록 만듭니다. 그것을 알아보기 위해 신앙의 선조들이 유산으로 물려준 신앙고백을 배우고, 주님이 가르치신 기도를 배우며, 그리스도께서 우리를 어떻게 돕는지 알아보는 것입니다. 분명한 것은, 하나님은 단 하나의 계명도 지킬 수 없는 우리를 불러서 영원한 은혜와 복을 약속하셨다는 점입니다. 이것이 기쁜 소식인 복음이고, 성경이 우리에게 가르치는 하늘의 진리입니다.

히 13:21 모든 선한 일에 너희를 온전하게 하사 자기 뜻을 행하게 하시고 그 앞에 즐거운 것을 예수 그리스도로 말미암아 우리 가운데서 이루시기를 원하노라. 영광이 그에게 세세무궁토록 있을지어다. 아멘.

『대교리문답』, 201. "자기 힘으로 십계명을 지킬 수 있는 사람은 아무도 없습니다. 그 때문에 우리가 신조와 주기도를 배우는 것입니다."

『대교리문답』, 195. "단언컨대, 십계명은 젊은 세대에게 유용하고 필요합니다. 이것을 항상 가르치고 권면하고 기억하게 하십시오. 단순히 소 매질하듯 억지로 강요하지 말고, 하나님을 향한 두려움과 경외심으로 하시기 바랍니다. 왜냐하면 십계명은 보잘것없는 인간의 것이 아니라 높으신 주재자의 말씀이기 때문입니다. 그러므로 숙고하여 마음에 깊이 새겨야 합니다. 하나님은 열심을 다해 지켜보고 계십니다. 계명을 경홀히 여기는 자에게는 진노와 징벌로, 지키는 자에게는 복으로 차고 넘치게 갚아 주십니다. 이것을 마음에 새기고 간직하는 사람이라면 당연히 하나님의 뜻대로 살려는 마음이 우러납니다."

2. 신조

무릎 꿇고 기도하기[6]

하나님, 주께서는 주의 이름을 부르는 자들의 외침을 한 번도 외면하지 않으셨습니다. 지금 우리의 모든 것을 주님께 맡기며 기도하오니, 우리의 모든 것이 주님을 향한 신앙의 열망이 되게 하셔서, 모든 것 이상으로 주님을 사랑하고, 모든 것 이상으로 주님을 신뢰하게 하소서. 우리 주 예수 그리스도의 이름으로 기도합니다. 아멘.

---

6 무릎을 꿇는다는 것은 현대인들의 정서에 맞지 않아 보인다. 게다가 그리스도에 의해 자유인이 된 사람들도 그리 내키지 않는 것처럼 보인다. 바닥에 앉는 것조차 다리 저려 싫은데 무릎까지 꿇는 것이야 오죽하겠는가! 그러나 성경에는 무릎 꿇고 기도하는 모습을 여러 곳에서 만날 수 있다. 솔로몬의 성전 봉헌 때 모습을 담은 역대하 6:13, 에스라의 기도 모습을 그린 에스라 9:5 같은 본문이 대표적이고, 신약에서는 스데반의 순교 현장을 묘사한 사도행전 7:60이 대표적이다. 무릎을 꿇는 것은 어느 특정한 문화권에서 시작된 게 아니다.

묻고 답하기

1　그리스도인이 반드시 배워야 할 두 번째 주제는 무엇입니까?

신앙입니다.

갈 3:23 믿음이 오기 전에 우리는 율법 아래에 매인 바 되고 계시될 믿음의 때까지 갇혔느니라.

2　신앙의 내용을 짧게 요약한 것을 어디서 찾을 수 있습니까?

신앙을 일목요연하게 정리했다는 뜻의 '신앙의 조항' 곧 '신조'信條에 요약되어 있습니다. 기독교 역사에는 여러 신조들이 있지만, 그중에서도 사도들의 신앙을 요약한 신조(사도신경)는[7] 모든 교회가 공유하는 신앙고백 중 하나입니다.

역사를 돌이켜 보면, 그리스인들과 로마인들도 무릎 꿇는 것을 거부했다. 그렇게 하는 것을 굴욕의 상징이요 노예의 상징으로 이해했기 때문이다. 플루타르코스와 테오프라스투스 같은 고대인들은 이런 행동을 미신적 행동이라고 비난했고, 철학자 아리스토텔레스 같은 경우에는 그것을 야만인들이나 하는 행동으로 규정하기도 했다. 아우구스티누스는 일면 아리스토텔레스의 견해를 옳다고 보았지만, 동시에 그리스도의 낮아짐과 겸손을 우리가 무릎 꿇게 되는 중요한 요소로 보았다.

　구약에서 무릎은 히브리어로 '베렉'(berek)이고, 동사는 '바락(barak, 무릎 꿇다)이다. 히브리인들에게 무릎은 힘을 상징한다. 그 때문에 무릎을 굽힌다는 것은 하나님 앞에 내 힘을 굽힌다는 말이 된다. 복음서에 네 번(마 17:14, 27:29, 막 1:40, 10:17) 나오는 '고니페테인'(gonypetein)이란 단어 역시 비슷한데, 멀발치에서 몸을 던지며 무릎 꿇는 자세다. 마가복음 1:40을 보면, 나병 환자가 예수께 와서 무릎을 꿇고 간청한다. "선생님께서 원하시면 나를 깨끗하게 해주실 수 있습니다." 여기서 그의 몸짓은 치료에 대한 열망이 얼마나 치열한 것인지 가늠하게 해준다. 성경 전체에서 무릎을 꿇고 기도한다는 건, 우리가 가진 모든 것이 하나님으로부터 비롯되었고, 이제 그 모든 것을 하나님께 맡긴다는 의미가 된다.

7　루터는 믿음을 설명하기 위해 사도신조(사도신경)를 사용한다. 참고로, 한국 루터교회에서는 '규범의 규범'(norma normans)이라는 측면에서 한 종교의 최고 권위의 책인 성경

3   '신조'란 무엇입니까?

신조는 사도들의 신앙고백을 뜻합니다. 하지만 사도들이
직접 만든 것이 아닙니다. 이것은 성경에 나온 하나님과
그분이 하신 복음의 일을 요약한 것이고, 사도들로부터 모
든 신자가 함께 공인하는 신앙의 요약입니다. 그 때문에
신조라고 부릅니다.[8]

4   '복음'이란 무엇입니까?

복음은 '기쁜 소식'$Eυαγγελιον$을 뜻합니다. 이것은 사람이 만
들어 낼 수 없고 오직 하나님만이 주실 수 있는 선물입니
다. 이 복음은 그리스도 예수입니다. 하나님은 자신의 아
들을 모든 만민에게 내어 주시면서 그를 믿는 자마다 죄를
용서하고 영생을 주시기로 약속하셨기 때문입니다.

요 3:16 하나님이 세상을 이처럼 사랑하사 독생자를 주셨으니 이는
그를 믿는 자마다 멸망하지 않고 영생을 얻게 하려 하심이라.

에만 '경'(經)을 붙이고, 신앙고백은 '여러 규범들 가운데 하나'의 규범, '규범으로 규정된 규
범'(*norma normata*)이라는 측면에서 '조'(條)를 붙여 '사도신조'라고 부른다.

8   일반적으로 루피누스(Rufinus Aquileiensis, 345–410)의 전승에 따라, 5세기 이후부
터 사도신조를 열두 개 조항으로 나누어 가르쳤다. 그의 '사도신조 주해'(Commentarius in
Symbolum apostolorum)에 따르면, '오순절 성령 강림 사건 이후 열두 제자들이 세상으로
선교를 위해 나가기 직전 일치된 설교 규범의 필요성이 제기되었고, 이에 따라 사도마다
한 구절씩 써 놓은 것을 모은 것이 사도신조가 되었다'고 가르친다. 이 전승은 15세기까지
유효했으나, 이탈리아의 인문주의자 로렌조 발라(Lorenzo Valla, 1407–1457)의 문헌 비평에
의해 역사적 근거가 없음이 밝혀졌다. 이후 종교개혁자들은 사도신조를 사도의 작품이 아
닌 성경의 바른 요약, 또는 사도들의 신앙 증언과 일치된 것으로 받아들였다.

딤전 1:15 미쁘다, 모든 사람이 받을 만한 이 말이여. 그리스도 예수께서 죄인을 구원하시려고 세상에 임하셨다 하였도다. 죄인 중에 내가 괴수니라.

롬 1:16 내가 복음을 부끄러워하지 아니하노니 이 복음은 모든 믿는 자에게 구원을 주시는 하나님의 능력이 됨이라. 먼저는 유대인에게요 그리고 헬라인에게로다.

5   믿는다는 것은 무슨 뜻입니까?

믿는다는 것은 눈에 보이지 않아도 의심하지 않고 신뢰하며 의지하는 것을 뜻합니다.

히 11:1 믿음은 바라는 것들의 실상이요 보이지 않는 것들의 증거니.
고후 5:7 이는 우리가 믿음으로 행하고 보는 것으로 행하지 아니함이로라.

6   하나님은 어떤 분이십니까?

하나님은 영이십니다. 그분은 우리가 의지할 참된 신이며 주님이십니다. 왜냐하면 하나님은 세상 만물을 창조하고 움직이시는 분이며, 그분 안에 참되고 선한 사랑이 가득하고 영원하기 때문입니다.

요 4:24 하나님은 영이시니 예배하는 자가 영과 진리로 예배할지니라.
요일 4:16 하나님이 우리를 사랑하시는 사랑을 우리가 알고 믿었노니 하나님은 사랑이시라. 사랑 안에 거하는 자는 하나님 안에 거하고 하나님도 그의 안에 거하시느니라.

신 32:4 그는 반석이시니 그가 하신 일이 완전하고 그의 모든 길이 정의롭고 진실하고 거짓이 없으신 하나님이시니 공의로우시고 바르시도다.

시 67:4 온 백성은 기쁘고 즐겁게 노래할지니 주는 민족들을 공평히 심판하시며 땅 위의 나라들을 다스리실 것임이니이다.

딤전 6:15 기약이 이르면 하나님이 그의 나타나심을 보이시리니 하나님은 복되시고 유일하신 주권자이시며 만왕의 왕이시며 만주의 주시오.

사 6:3 서로 불러 이르되 거룩하다 거룩하다 거룩하다. 만군의 여호와여, 그의 영광이 온 땅에 충만하도다 하더라.

출 34:6-7 여호와께서 그의 앞으로 지나시며 선포하시되 여호와라 여호와라. 자비롭고 은혜롭고 노하기를 더디하고 인자와 진실이 많은 하나님이라. 인자를 천대까지 베풀며 악과 과실과 죄를 용서하리라. 그러나 벌을 면제하지는 아니하고 아버지의 악행을 자손 삼사 대까지 보응하리라.

눅 1:37 대저 하나님의 모든 말씀은 능하지 못하심이 없느니라.

시 139:1-4 여호와여, 주께서 나를 살펴보셨으므로 나를 아시나이다. 주께서 내가 앉고 일어섬을 아시고 멀리서도 나의 생각을 밝히 아시오며 나의 모든 길과 내가 눕는 것을 살펴보셨으므로 나의 모든 행위를 익히 아시오니 여호와여, 내 혀의 말을 알지 못하시는 것이 하나도 없으시니이다.

7 '하나님은 삼위일체이시다'라는 것은 무슨 뜻입니까?

하나님은 한 분이십니다. 그러나 그분은 삼위로 거하십니다. 성자 하나님은 성부 하나님으로부터 나오셨고, 성령 하나님은 성부와 성자로부터 나와 우리에게 선물로 주어졌습니다. 창조의 역사는 성부에게, 죄를 용서하고 구원하는 것은 성자에게, 거룩하게 되는 역사(성화)는 성령에게 속한 일입니다.

마 28:19 그러므로 너희는 가서 모든 민족을 제자로 삼아 아버지와 아들과 성령의 이름으로 세례를 베풀고.

고후 13:13 주 예수 그리스도의 은혜와 하나님의 사랑과 성령의 교통하심이 너희 무리와 함께 있을지어다.

요 15:26 내가 아버지께로부터 너희에게 보낼 보혜사 곧 아버지께로부터 나오시는 진리의 성령이 오실 때에 그가 나를 증언하실 것이요.

갈 4:6 너희가 아들이므로 하나님이 그 아들의 영을 우리 마음 가운데 보내사 아빠 아버지라 부르게 하셨느니라.

8 신앙을 한마디로 어떻게 요약할 수 있습니까?

나는 삼위일체 하나님을 믿습니다. 하나님 아버지는 나를 창조하셨고, 그분의 아들은 나를 구원하셨으며, 성령은 나를 거룩하게 하십니다. 이것은 나의 주, 나의 하나님에 대한 신앙고백입니다.

제1조 | 창조

"전능하사 천지를 만드신 하나님 아버지를 내가 믿사오며,"

이것은 무슨 뜻입니까?

나는 믿습니다.[9] 하나님은 나와 모든 만물을 창조하셨습니다. 하나님은 내 몸과 영혼, 눈과 귀, 몸의 모든 기관, 이성과 모든 감각을 나에게 주셨고, 지금도 돌보아 주십니다.

하나님은 입을 것과 신을 것, 먹을 것과 마실 것, 집과 뜰, 반려자와 아이, 경작할 땅과 가축, 그 밖의 모든 것을 나에게 주셨고, 살아가는 데 필요한 모든 것을 시시때때로 풍성히 더하십니다.

이는 나의 수고나 내가 잘나서 받는 것이 아니라, 오직 하나님 아버지의 선하심과 인자하심 때문입니다. 그러므로 이 모든 것을 나에게 주신 하나님께 감사하고 찬양하며 섬기고 순종하는 것이 나의 마땅한 의무입니다.

이것은 확실한 진리입니다.

9   첫 구절이 왜 '나는 믿습니다'로 시작합니까?

신앙은 남의 것이 아니라 나 자신의 것이고, 다른 사람의
신앙으로는 구원받을 수 없기 때문입니다. 그리스도인이라
면 각자 자기의 신앙을 스스로 고백할 수 있어야 합니다.

고후 13:5 너희는 믿음 안에 있는가 너희 자신을 시험하고 너희 자신
을 확증하라. 예수 그리스도께서 너희 안에 계신 줄을 너희가 스스로
알지 못하느냐. 그렇지 않으면 너희는 버림받은 자니라.

눅 7:50 예수께서 여자에게 이르시되 네 믿음이 너를 구원하였으니
평안히 가라 하시니라.

참조. 마 25:8-12.

10   '하나님을 믿는다'는 것은 무슨 뜻입니까?

하늘과 땅에 있는 모든 만물을 창조하신 분을 믿는다는 뜻
입니다.

참조. 시 31:41, 마 15:21-28, 눅 7:1-10, 요 4:47-53, 롬 10:14, 17.

『대교리문답』, 204. "만일 어린아이에게 '얘야, 너는 어떤 신을 섬기로
있느냐? 그 신은 어떤 분이냐?'라고 묻는다면, 이렇게 답할 수 있을
것입니다. '나의 신은 이렇습니다. 우선 그분은 하늘과 땅을 만드신

---

9 신조 첫머리에 '나는 믿습니다'(Ich glaube)라는 문장이 등장하는 것은 중요한데, 루터
는 이 점을 매우 강조한다. 그에게 신앙이란 제삼자의 것이 될 수 없고, 어떤 지식을 중립
적 입장에서 견지하는 태도를 뜻하지 않는다. 신앙은 하나님과 단독자로 조우하는 사건이
기에 각 개인의 양심적 고백과 결단은 피할 수 없으며 필연적이다. 하나님은 만민을 향해
죄인을 의롭다고 선언하시지만, 그 선언에 응답하는 것은 집단이 아닌 각 개인의 자발적이
고 고독한 결단이다. 신앙의 문제에 관한 한 절대로 집단적일 수 없다. 그러나 동시에 신앙
은 '우리'라는 '교회 공동체'를 무시하지 않는다. 루터는 이를 '신조' 제3조에서 다룬다.

내 아버지입니다. 이것을 뺀다면 내가 섬기는 신이라고 할 수 없습니다. 왜냐하면 천지를 지으신 그분이 없다면 아무것도 존재하지 못하기 때문입니다."

11 '전능하사 천지를 만드신 하나님 아버지'는 무엇을 뜻합니까?

하나님은 보이는 것과 보이지 않는 모든 것을 말씀으로 지으셨고, 선한 부모가 자녀를 대하듯 하늘과 땅에 있는 모든 것을 사랑으로 가꾸십니다. 그리고 우리의 생명에 필요한 모든 것을 날마다 더해 주시고 지켜 주십니다.

요 5:26 아버지께서 자기 속에 생명이 있음 같이 아들에게도 생명을 주어 그 속에 있게 하셨고.

대상 29:11-12 여호와여, 위대하심과 권능과 영광과 승리와 위엄이 다 주께 속하였사오니 천지에 있는 것이 다 주의 것이로소이다. 여호와여, 주권도 주께 속하였사오니 주는 높으사 만물의 머리이심이니이다. 부와 귀가 주께로 말미암고 또 주는 만물의 주재가 되사 손에 권세와 능력이 있사오니 모든 사람을 크게 하심과 강하게 하심이 주의 손에 있나이다.

말 2:10 우리는 한 아버지를 가지지 아니하였느냐. 한 하나님께서 지으신 바가 아니냐. 어찌하여 우리 각 사람이 자기 형제에게 거짓을 행하여 우리 조상들의 언약을 욕되게 하느냐.

창 1:1 태초에 하나님이 천지를 창조하시니라.

롬 4:17 기록된 바 내가 너를 많은 민족의 조상으로 세웠다 하심과 같으니 그가 믿은 바 하나님은 죽은 자를 살리시며 없는 것을 있는 것으로 부르시는 이시니라.

계 4:11 우리 주 하나님이여, 영광과 존귀와 권능을 받으시는 것이 합당하오니 주께서 만물을 지으신지라. 만물이 주의 뜻대로 있었고 또 지으심을 받았나이다 하더라.

참조. 창 1-2장.

『대교리문답』, 206. "하나님 아버지는 우리가 가진 모든 것과 보이는 모든 것을 우리에게 주셨을 뿐만 아니라, 매 순간 악한 모든 것과 불행, 재난과 위험으로부터 우리를 지키고 보호하시는 분입니다. 이 모든 것은 마치 우리의 친절한 아버지가 자녀를 모든 악한 것으로부터 지켜 보호하는 것과 같은 그분의 순수한 사랑과 선하심에서 비롯됩니다. 여기서 더 말할 것들이 많지만 그 모든 것은 '전능하신 하나님 아버지'라는 말에 모두 포함되어 있습니다."

12 성경에서 '보이지 않는 것'의 대표적인 예는 무엇입니까?

선한 천사와 악한 천사를 들 수 있습니다. 선한 천사는 말 그대로 천사이고, 악한 천사는 마귀입니다.

골 1:16 만물이 그에게서 창조되되 하늘과 땅에서 보이는 것들과 보이지 않는 것들과 혹은 왕권들이나 주권들이나 통치자들이나 권세들이나 만물이 다 그로 말미암고 그를 위하여 창조되었고.

13 선한 천사에 대해 성경은 어떻게 가르칩니까?

성경에서 천사는 하늘의 거룩한 영으로 묘사됩니다. 그들은 하나님 곁에서 찬양하며 그분의 명령을 수행합니다. 그리고 신자와 아이들을 보호하는 일도 합니다. 그러므로 성경에 나오는 천사는 섬김과 보호, 중재의 모델입니다.

마 18:10 삼가 이 작은 자 중의 하나도 업신여기지 말라. 너희에게 말하노니 그들의 천사들이 하늘에서 하늘에 계신 내 아버지의 얼굴을 항상 뵈옵느니라.

사 6:3 서로 불러 이르되 거룩하다 거룩하다 거룩하다. 만군의 여호와여, 그의 영광이 온 땅에 충만하도다 하더라.

히 1:14 모든 천사들은 섬기는 영으로서 구원받을 상속자들을 위하여 섬기라고 보내심이 아니냐.

눅 15:10 내가 너희에게 이르노니 이와 같이 죄인 한 사람이 회개하면 하나님의 사자들 앞에 기쁨이 되느니라.

시 91:11-12 그가 너를 위하여 그의 천사들을 명령하사 네 모든 길에서 너를 지키게 하심이라. 그들이 그들의 손으로 너를 붙들어 발이 돌에 부딪히지 아니하게 하리로다.

14 악한 천사인 마귀에 대해 성경은 어떻게 가르칩니까?

거룩하게 창조되었지만 하나님을 배반하여 타락한 천사로, 영원한 하나님의 대적이 되어 우리를 유혹하는 악한 영입니다.

요 8:44 너희는 너희 아비 마귀에게서 났으니 너희 아비의 욕심대로 너희도 행하고자 하느니라. 그는 처음부터 살인한 자요 진리가 그 속에 없으므로 진리에 서지 못하고 거짓을 말할 때마다 제 것으로 말하나니 이는 그가 거짓말쟁이요 거짓의 아비가 되었음이라.

벧후 2:4 하나님이 범죄한 천사들을 용서하지 아니하시고 지옥에 던져 어두운 구덩이에 두어 심판 때까지 지키게 하셨으며.

엡 6:12 우리의 씨름은 혈과 육을 상대하는 것이 아니요 통치자들과 권세들과 이 어둠의 세상 주관자들과 하늘에 있는 악의 영들을 상대함이라.

벧전 5:8-9 근신하라. 깨어라. 너희 대적 마귀가 우는 사자 같이 두루 다니며 삼킬 자를 찾나니 너희는 믿음을 굳건하게 하여 그를 대적하라. 이는 세상에 있는 너희 형제들도 동일한 고난을 당하는 줄을 앎이라.

참조. 창 3:1-5, 욥 2장, 마 4:1-11.

15 하나님께서 창조하신 것 중 '보이는 것'의 대표적인 예는 무엇입니까?

사람입니다.

16 사람은 어떻게 지음받았습니까?

하나님께서 흙을 빚어 그 안에 호흡을 불어넣으셨습니다. 그것이 인간입니다. 그 때문에 모든 인간은 존엄한 생기가 서려 있는 하나님의 형상입니다.

창 2:7 여호와 하나님이 땅의 흙으로 사람을 지으시고 생기를 그 코에 불어넣으시니 사람이 생령이 되니라.

17 '하나님의 형상'*Imago Dei*이란 무엇입니까?

하나님 안에 담겨 있던 선, 진리, 거룩, 정의, 사랑 같은 것
들입니다. 이것은 마귀와 죽음에도 굴하지 않는 강건한 몸
과 정신의 뿌리가 됩니다.

창 1:31 하나님이 지으신 그 모든 것을 보시니 보시기에 심히 좋았더
라. 저녁이 되고 아침이 되니 이는 여섯째 날이니라.

골 3:10 새 사람을 입었으니 이는 자기를 창조하신 이의 형상을 따라
지식에까지 새롭게 하심을 입은 자니라.

엡 4:23-24 오직 너희의 심령이 새롭게 되어 하나님을 따라 의와 진
리의 거룩함으로 지으심을 받은 새 사람을 입으라.

18 사람은 지금도 하나님의 형상을 가지고 있습니까?

첫 사람 아담이 타락한 이래로 우리 안에 있던 하나님의
형상은 완전히 망가졌습니다. 그 아담은 모든 인간의 본성
을 대표하기에 우리의 힘으로는 이 형상을 회복할 수 없습
니다. 이는 마치 바퀴 빠진 수레가 제 스스로 고칠 수 없는
것과 같은 이치입니다.

창 2:17 선악을 알게 하는 나무의 열매는 먹지 말라. 네가 먹는 날에
는 반드시 죽으리라 하시니라.

롬 5:12 그러므로 한 사람으로 말미암아 죄가 세상에 들어오고 죄로
말미암아 사망이 들어왔나니 이와 같이 모든 사람이 죄를 지었으므
로 사망이 모든 사람에게 이르렀느니라.

창 3:17 아담에게 이르시되 네가 네 아내의 말을 듣고 내가 네게 먹지 말라 한 나무의 열매를 먹었은즉 땅은 너로 말미암아 저주를 받고 너는 네 평생에 수고하여야 그 소산을 먹으리라.

19　그런데 왜 하나님은 타락한 인간을 구원하려고 하십니까?

하나님의 본성은 사랑이시기 때문입니다. 그 때문에 자신의 아들을 내어 주고 타락한 인간을 구원하려고 하십니다.

벧전 1:20 그는 창세 전 부터 미리 알린바 되신 이나 이 말세에 너희를 위하여 나타내신바 되었으니.

20　만물을 위해 하나님께서 하시는 일은 무엇입니까?

나와 모든 창조물을 끊임없이 보호하고 계십니다. 그분은 우주 만물이 운행하도록 법칙을 만드셨고, 때로는 이 법칙을 넘어서는 기적을 일으키기도 하십니다. 하나님을 모르는 이들을 위해서도 동일한 은혜와 인내로, 자비와 신실함으로 피조세계를 운행하십니다.

히 1:3 이는 하나님의 영광의 광채시요 그 본체의 형상이시라. 그의 능력의 말씀으로 만물을 붙드시며 죄를 정결하게 하는 일을 하시고 높은 곳에 계신 지극히 크신 이의 우편에 앉으셨느니라.

암 3:6 성읍에서 나팔이 울리는데 백성이 어찌 두려워하지 아니하겠으며 여호와의 행하심이 없는데 재앙이 어찌 성읍에 임하겠느냐.

창 8:22 땅이 있을 동안에는 심음과 거둠과 추위와 더위와 여름과 겨

울과 낮과 밤이 쉬지 아니하리라.

시 33:13-15 여호와께서 하늘에서 굽어보사 모든 인생을 살피심이여, 곧 그가 거하시는 곳에서 세상의 모든 거민들을 굽어살피시는도다. 그는 그들 모두의 마음을 지으시며 그들이 하는 일을 굽어살피시는 이로다.

롬 1:18 하나님의 진노가 불의로 진리를 막는 사람들의 모든 경건하지 않음과 불의에 대하여 하늘로부터 나타나나니.

시 103:8-13 여호와는 긍휼이 많으시고 은혜로우시며 노하기를 더디 하시고 인자하심이 풍부하시도다. 자주 경책하지 아니하시며 노를 영원히 품지 아니하시리로다. 우리의 죄를 따라 우리를 처벌하지는 아니하시며 우리의 죄악을 따라 우리에게 그대로 갚지는 아니하셨으니 이는 하늘이 땅에서 높음 같이 그를 경외하는 자에게 그의 인자하심이 크심이로다. 동이 서에서 먼 것같이 우리의 죄과를 우리에게서 멀리 옮기셨으며 아버지가 자식을 긍휼히 여김 같이 여호와께서는 자기를 경외하는 자를 긍휼히 여기시나니.

마 10:29-30 참새 두 마리가 한 앗사리온에 팔리지 않느냐. 그러나 너희 아버지께서 허락하지 아니하시면 그 하나도 땅에 떨어지지 아니하리라. 너희에게는 머리털까지 다 세신 바 되었나니.

시 145:15-16 모든 사람의 눈이 주를 앙망하오니 주는 때를 따라 그들에게 먹을 것을 주시며 손을 펴사 모든 생물의 소원을 만족하게 하시나이다.

21   당신도 그 안에 포함되었습니까?

물론입니다. 신조의 첫 번째 고백대로 하나님은 나에게

'전능하사 천지를 만드신 하나님 아버지'입니다. 그렇기에 그분이 나의 모든 것을 지으셨고, 보이는 것과 보이지 않는 모든 것을 나에게 주셨으며, 그것을 누리고 선하게 가꿀 책임도 주셨습니다.

벧전 5:7 너희 염려를 다 주께 맡기라. 이는 그가 너희를 돌보심이라.

참조. 창 19장, 왕상 17장.

22 혹시 하나님께서 당신을 창조하신 다음에 그냥 내버려두고 있는 것은 아닙니까?

아니요, 그렇지 않습니다. '나의 창조주'라는 고백은 하늘의 해와 달과 별, 낮과 밤, 공기와 물 그리고 거기서 나오는 모든 것을 주신다는 뜻이기도 하고, 동시에 내 가족과 선한 정부, 옷, 신발, 음식, 평화, 안전 같이 내가 살아가는 데 필요한 모든 것을 매 순간 공급해 주신다는 뜻입니다. 창조주가 아니라면, 아무리 하찮은 미물도 생명을 이어갈 수 없습니다.

마 10:29-30 참새 두 마리가 한 앗사리온에 팔리지 않느냐. 그러나 너희 아버지께서 허락하지 아니하시면 그 하나도 땅에 떨어지지 아니하리라. 너희에게는 머리털까지 다 세신 바 되었나니.

시 139:16 내 형질이 이루어지기 전에 주의 눈이 보셨으며 나를 위하여 정한 날이 하루도 되기 전에 주의 책에 다 기록이 되었나이다.

욥 10:12 생명과 은혜를 내게 주시고 나를 보살피심으로 내 영을 지키셨나이다.

행 14:17 그러나 자기를 증언하지 아니하신 것이 아니니 곧 여러분에게 하늘로부터 비를 내리시며 결실기를 주시는 선한 일을 하사 음식과 기쁨으로 여러분의 마음에 만족하게 하셨느니라 하고.

23 그러면 내가 해야 할 책임도 있습니까?

예, 매사에 감사하며 하나님을 찬양하는 생활을 해야 합니다. 이것은 진심에서 우러나 말과 행동으로 나타나야 합니다. 하나님께서 우리에게 주신 모든 것을 한번 찬찬히 묵상해 보기를 바랍니다. 감사할 것들이 참으로 많습니다.

롬 12:1 그러므로 형제들아, 내가 하나님의 모든 자비하심으로 너희를 권하노니 너희 몸을 하나님이 기뻐하시는 거룩한 산 제물로 드리라. 이는 너희가 드릴 영적 예배니라.

시 118:1 여호와께 감사하라. 그는 선하시며 그의 인자하심이 영원함이로다.

시 116:12 내게 주신 모든 은혜를 내가 여호와께 무엇으로 보답할까.

24 제1조에 대한 답변에서 '이것은 확실한 진리입니다'라고 말하며 끝낸 이유가 무엇입니까?

이렇게 고백한 것은 모두 성경에 약속된 대로 창조주 하나님께서 우리에게 주신 것이기 때문입니다. 그 때문에 우리는 이 진리를 진심으로 확신하며 살 것입니다.

시 73:28 하나님께 가까이 함이 내게 복이라. 내가 주 여호와를 나의
피난처로 삼아 주의 모든 행적을 전파하리이다.

제 2 조 | 구원

"그 외아들 우리 주 예수 그리스도를 믿사오니, 이는 성령
으로 잉태하사 동정녀 마리아에게 나시고, 본디오 빌라도에
게 고난을 받으사 십자가에 못 박혀 죽으시고, 장사하여 음
부에 내리신 지 사흘 만에 죽은 자 가운데서 다시 살아나시
며, 하늘에 오르사 전능하신 하나님 아버지 우편에 앉아 계
시다가, 저리로서 산 자와 죽은 자를 심판하러 오시리라."

이것은 무슨 뜻입니까?

나는 믿습니다. 예수 그리스도는 영원한 아버지로
부터 나신 참 신입니다. 또한 그분은 처녀 마리아에
게 태어난 참 인간입니다.

그분은 나의 주님이십니다. 버림받아 저주에 묶
인 나를 풀어 주셨고, 모든 죄와 죽음과 마귀의 권
세에서 나를 건져 그분의 것으로 만드셨습니다. 금
과 은으로 하신 것이 아닙니다. 그분의 거룩하고 값
진 피, 무고한 고난과 죽음이 나를 구원했습니다.

이제 비로소 나는 내가 되었고, 주님이 다스리는 나라에서 의롭고 순결하며 복되게 그분을 섬길 것입니다. 주님은 죽음에서 일어나셨고, 지금도 살아 계시며, 영원히 다스리십니다.

이것은 확실한 진리입니다.

25 두 번째 신앙의 조항은 무엇에 대한 것입니까?

구원에 대한 내용입니다.

26 '구원'이란 무엇입니까?

구원이란 죽은 다음 저승에 준비된 황금집에서 산다는 말이 아니라, '모든 위험에서 건짐받는다'는 뜻입니다. 하지만 이것만으로는 충분하지 않습니다. 구원이라는 말에는 '무언가를 풀어 주어 본래의 모습으로 돌아간다'는 뜻이 담겨 있는데 이 대목은 매우 중요합니다. 구원은 사로잡히고 억눌린 모든 것으로부터 풀려나는 해방이며 자유이기 때문입니다. 그렇다고 망나니처럼 살아도 된다는 말이 아닙니다. 해방과 자유에는 언제나 동일한 목표점이 있는데, 바로 '본래의 모습으로 돌아가는 것'입니다. 성경의 말로 바꾸면, 구원받은 사람은 창조 때 만들어진 대로 곧 하나님의 형상으로 돌아가는 것입니다. 이것은 '참 사람'이 되는 것을 뜻합니다. 하나님 앞에서 사람다운 사람이 구원받은 사람입니다. 그러니 사람답지 못한 사람이 스스로 '나는 구원받은 성도'라고 말하면, 그것은 자기기만이고 착각이며 교만입니다. 그런 사람은 하나님은 놔두고서라도, 누구에게도 신뢰받지 못합니다.

27   누가 당신을 구원합니까?

예수 그리스도이십니다.

28   '예수'라는 이름의 뜻은 무엇입니까?

'하나님은 구원이시다'입니다.

마 1:21 아들을 낳으리니 이름을 예수라 하라. 이는 그가 자기 백성을 그들의 죄에서 구원할 자이심이라 하니라.

행 4:12 다른 이로써는 구원을 받을 수 없나니 천하 사람 중에 구원을 받을 만한 다른 이름을 우리에게 주신 일이 없음이라 하였더라.

29   '그리스도'라는 말의 뜻은 무엇입니까?

기름부음 받은 자, 곧 하나님께서 세우신 왕이요 예언자요 대제사장을 뜻하는 말입니다.

사 11:1-2 이새의 줄기에서 한 싹이 나며 그 뿌리에서 한 가지가 나서 결실할 것이요 그의 위에 여호와의 영 곧 지혜와 총명의 영이요 모략과 재능의 영이요 지식과 여호와를 경외하는 영이 강림하시리니.

신 18:18 내가 그들의 형제 중에서 너와 같은 선지자 하나를 그들을 위하여 일으키고 내 말을 그 입에 두리니 내가 그에게 명령하는 것을 그가 무리에게 다 말하리라.

시 110:1-4 여호와께서 내 주에게 말씀하시기를 내가 네 원수들로 네 발판이 되게 하기까지 너는 내 오른쪽에 앉아 있으라 하셨도다. 여호와께서 시온에서부터 주의 권능의 규를 내보내시리니 주는 원수들 중에서 다스리소서. 주의 권능의 날에 주의 백성이 거룩한 옷을 입고 즐거이 헌신하니 새벽 이슬 같은 주의 청년들이 주께 나오는도다. 여호와는 맹세하고 변하지 아니하시리라. 이르시기를 너는 멜기세덱의 서열을 따라 영원한 제사장이라 하셨도다.

사 9:6-7 이는 한 아기가 우리에게 났고 한 아들을 우리에게 주신 바 되었는데 그의 어깨에는 정사를 메었고 그의 이름은 기묘자라, 모사라, 전능하신 하나님이라, 영존하시는 아버지라, 평강의 왕이라 할 것임이라. 그 정사와 평강의 더함이 무궁하며 또 다윗의 왕좌와 그의 나라에 군림하여 그 나라를 굳게 세우고 지금 이후로 영원히 정의와 공의로 그것을 보존하실 것이라. 만군의 여호와의 열심이 이를 이루시리라.

30   당신은 왜 예수님을 그리스도라고 고백합니까?

예수님은 영원한 하늘 아버지로부터 나신 분이기 때문입니다. 오직 그분만이 죄와 죽음과 마귀의 권세에서 나를 구원하실 수 있습니다.

마 1:21 아들을 낳으리니 이름을 예수라 하라. 이는 그가 자기 백성을 그들의 죄에서 구원할 자이심이라 하니라.

요 17:3 영생은 곧 유일하신 참 하나님과 그가 보내신 자 예수 그리스도를 아는 것이니이다.

요 3:36 아들을 믿는 자에게는 영생이 있고 아들에게 순종하지 아니하는 자는 영생을 보지 못하고 도리어 하나님의 진노가 그 위에 머물러 있느니라.

롬 9:5 조상들도 그들의 것이요 육신으로 하면 그리스도가 그들에게서 나셨으니 그는 만물 위에 계셔서 세세에 찬양을 받으실 하나님이시니라. 아멘.

31 어떻게 하늘에 계신 분이 땅에 오셨습니까?

하나님은 죄가 없는 그분의 아들에게 육체를 입혀 이 땅에 보내셨습니다.

롬 8:3 율법이 육신으로 말미암아 연약하여 할 수 없는 그것을 하나님은 하시나니 곧 죄로 말미암아 자기 아들을 죄 있는 육신의 모양으로 보내어 육신에 죄를 정하사.

히 4:15 우리에게 있는 대제사장은 우리의 연약함을 동정하지 못하실 이가 아니요 모든 일에 우리와 똑같이 시험을 받으신 이로되 죄는 없으시니라.

요 8:46 너희 중에 누가 나를 죄로 책잡겠느냐. 내가 진리를 말하는데도 어찌하여 나를 믿지 아니하느냐.

하늘의 권세를 모두 포기하고 가장 낮고 낮은 자의 삶을 사셨습니다. 가난한 노동자의 가족으로 태어나서 헤롯을 피해 난민이 되셨고, 어린 나이에 아비를 잃으셨으며, 성년이 되어서는 갈릴리의 소외받은 자들과 함께 사셨습니다. 자기를 비워내는 삶은 십자가의 죽음으로 이어졌지만, 바로 이 십자가의 죽음이 하나님의 영광을 온전히 드러내는 사건이었습니다.

빌 2:5-8 너희 안에 이 마음을 품으라. 곧 그리스도 예수의 마음이니 그는 근본 하나님의 본체시나 하나님과 동등됨을 취할 것으로 여기지 아니하시고 오히려 자기를 비워 종의 형체를 가지사 사람들과 같이 되셨고 사람의 모양으로 나타나사 자기를 낮추시고 죽기까지 복종하셨으니 곧 십자가에 죽으심이라.

마 11:2-6 요한이 옥에서 그리스도께서 하신 일을 듣고 제자들을 보내어 예수께 여짜오되 오실 그이가 당신이오니이까. 우리가 다른 이를 기다리오리이까. 예수께서 대답하여 이르시되 너희가 가서 듣고 보는 것을 요한에게 알리되 맹인이 보며 못 걷는 사람이 걸으며 나병환자가 깨끗함을 받으며 못 듣는 자가 들으며 죽은 자가 살아나며 가난한 자에게 복음이 전파된다 하라. 누구든지 나로 말미암아 실족하지 아니하는 자는 복이 있도다 하시니라.

벧전 2:21 이를 위하여 너희가 부르심을 받았으니 그리스도도 너희를 위하여 고난을 받으사 너희에게 본을 끼쳐 그 자취를 따라오게 하려 하셨느니라.

33 '동정녀 마리아에게 나셨다'는 것은 무슨 뜻입니까?

그리스도는 예언대로 참 인간이었다는 뜻입니다.

히 2:14 자녀들은 혈과 육에 속하였으매 그도 또한 같은 모양으로 혈
과 육을 함께 지니심은 죽음을 통하여 죽음의 세력을 잡은 자 곧 마
귀를 멸하시며.

창 3:15 내가 너로 여자와 원수가 되게 하고 네 후손도 여자의 후손
과 원수가 되게 하리니 여자의 후손은 네 머리를 상하게 할 것이요
너는 그의 발꿈치를 상하게 할 것이니라 하시고.

창 22:18 또 네 씨로 말미암아 천하 만민이 복을 받으리니 이는 네가
나의 말을 준행하였음이니라 하셨다 하니라.

갈 4:4-5 때가 차매 하나님이 그 아들을 보내사 여자에게서 나게 하
시고 율법 아래에 나게 하신 것은 율법 아래에 있는 자들을 속량하
시고 우리로 아들의 명분을 얻게 하려 하심이라.

미 5:1 딸 군대여, 너는 떼를 모을지어다. 그들이 우리를 에워쌌으니
막대기로 이스라엘 재판자의 뺨을 치리로다.

34 왜 출생 다음에 곧바로 본디오 빌라도에게 고난받았다는 대목으
로 넘어갑니까?

저도 그 부분이 아쉽습니다. 하지만 다른 면에서 고민해
볼 여지는 있을 것 같습니다. 예수님의 공생애 기간이 여

기 나오지 않는 것은 그분의 삶이 의미 없어서가 아닙니다. 오히려 예수님의 모든 삶은 하나님의 사랑을 드러내는 것이었기에 매우 중요합니다. 하지만 이 삶을 찬찬히 돌아보면, 하나님의 사랑 때문에 시작된 고난의 길이라고 할 수 있습니다. 그 사랑을 전하다가 욕도 얻어먹고 감시도 당하고, 결국 제자의 배신으로 팔리기까지 합니다. 이런 이유로 예수님의 삶은 한마디로 사랑 때문에 받아야 했던 고난의 삶이라고 할 수 있습니다. 모든 삶을 아우르는 마지막 고난, 신조에서는 바로 이 점이 강조됩니다. 죄 없는 거룩한 이가 하나님의 사랑 때문에 모욕과 질시를 참아내던 그 생애의 절정이 본디오 빌라도에게 고난받는 사건입니다. 그리고 마침내 자기 백성에게 버림받는 순간까지 이르게 됩니다. 이것은 하나님의 사랑을 실천하는 이들이 걷게 될 운명의 역설이자 거룩한 고난의 표징입니다.

사 53:3 그는 멸시를 받아 사람들에게 버림받았으며 간고를 많이 겪었으며 질고를 아는 자라. 마치 사람들이 그에게서 얼굴을 가리는 것 같이 멸시를 당하였고 우리도 그를 귀히 여기지 아니하였도다.

히 5:7-8 그는 육체에 계실 때에 자기를 죽음에서 능히 구원하실 이에게 심한 통곡과 눈물로 간구와 소원을 올렸고 그의 경건하심으로 말미암아 들으심을 얻었느니라. 그가 아들이시면서도 받으신 고난으로 순종함을 배워서.

고후 8:9 우리 주 예수 그리스도의 은혜를 너희가 알거니와 부요하신 이로서 너희를 위하여 가난하게 되심은 그의 가난함으로 말미암아 너희를 부요하게 하려 하심이라.

마 8:20 예수께서 이르시되 여우도 굴이 있고 공중의 새도 거처가 있으되 인자는 머리 둘 곳이 없다 하시더라.

요 8:40 지금 하나님께 들은 진리를 너희에게 말한 사람인 나를 죽이려 하는도다. 아브라함은 이렇게 하지 아니하였느니라.

35 십자가 죽음에는 특별한 이유가 있습니까?

십자가형은 가장 극심한 고통 가운데 죽는 저주받은 사형제도였습니다.

히 12:2 믿음의 주요 또 온전하게 하시는 이인 예수를 바라보자. 그는 그 앞에 있는 기쁨을 위하여 십자가를 참으사 부끄러움을 개의치 아니하시더니 하나님 보좌 우편에 앉으셨느니라.

갈 3:13 그리스도께서 우리를 위하여 저주를 받은 바 되사 율법의 저주에서 우리를 속량하셨으니 기록된 바 나무에 달린 자마다 저주 아래에 있는 자라 하였음이라.

마 27:46 제구시쯤에 예수께서 크게 소리 질러 이르시되 엘리 엘리 라마 사박다니 하시니 이는 곧 나의 하나님, 나의 하나님, 어찌하여 나를 버리셨나이까 하는 뜻이라.

36 '음부에 내려가셨다'는 것은 무슨 뜻입니까?

죽음의 세계로 들어가셨다는 뜻입니다. 그곳에서 그리스도는 모든 악마와 죽음을 제압하고 영광 가운데 하늘로 올라가십니다.

벧전 3:18-19 그리스도께서도 단번에 죄를 위하여 죽으사 의인으로서 불의한 자를 대신하셨으니 이는 우리를 하나님 앞으로 인도하려 하심이라. 육체로는 죽임을 당하시고 영으로는 살리심을 받으셨으니 그가 또한 영으로 가서 옥에 있는 영들에게 선포하시니라.

빌 2:9-11 이러므로 하나님이 그를 지극히 높여 모든 이름 위에 뛰어난 이름을 주사 하늘에 있는 자들과 땅에 있는 자들과 땅 아래에 있는 자들로 모든 무릎을 예수의 이름에 꿇게 하시고 모든 입으로 예수 그리스도를 주라 시인하여 하나님 아버지께 영광을 돌리게 하셨느니라.

37 그리스도께서 '죽은 자 가운데서 다시 살아나셨다'는 것은 무슨 뜻입니까?

삼 일 만에 무덤에서 살아 있는 육체로 다시 일어나셨다는 것은 그분이 하나님의 능력 가운데 있다는 것을 보여주는 대목입니다. 그 사건으로 예수님은 하나님의 아들이며 세상을 구원하실 분이라는 것이 드러났습니다.

요 10:18 이를 내게서 빼앗는 자가 있는 것이 아니라 내가 스스로 버리노라. 나는 버릴 권세도 있고 다시 얻을 권세도 있으니 이 계명은 내 아버지에게서 받았노라 하시니라.

요 14:19 조금 있으면 세상은 다시 나를 보지 못할 것이로되 너희는 나를 보리니 이는 내가 살아 있고 너희도 살아 있겠음이라.

요 11:25-26 예수께서 이르시되 나는 부활이요 생명이니 나를 믿는 자는 죽어도 살겠고 무릇 살아서 나를 믿는 자는 영원히 죽지 아니하리니 이것을 네가 믿느냐.

행 2:24 하나님께서 그를 사망의 고통에서 풀어 살리셨으니 이는 그가 사망에 매여 있을 수 없었음이라.

롬 1:3-4 그의 아들에 관하여 말하면 육신으로는 다윗의 혈통에서 나셨고 성결의 영으로는 죽은 자들 가운데서 부활하사 능력으로 하나님의 아들로 선포되셨으니 곧 우리 주 예수 그리스도시니라.

롬 4:25 예수는 우리가 범죄한 것 때문에 내줌이 되고 또한 우리를 의롭다 하시기 위하여 살아나셨느니라.

38 그리스도께서 '하늘에 오르셨다'는 것은 무슨 뜻입니까?

부활하신 지 사십 일 만에 하늘로 올라가신 것은 그분이 하늘 아버지의 영광 가운데 들어가는 것을 보여주는 대목입니다. 그렇게 하늘에 오르신 분은 하나님 아버지의 오른편에 앉아 만물을 충만하게 하십니다.

요 17:4-5 아버지께서 내게 하라고 주신 일을 내가 이루어 아버지를 이 세상에서 영화롭게 하였사오니 아버지여, 창세 전에 내가 아버지와 함께 가졌던 영화로써 지금도 아버지와 함께 나를 영화롭게 하옵소서.

히 6:20 그리로 앞서 가신 예수께서 멜기세덱의 반차를 따라 영원히 대제사장이 되어 우리를 위하여 들어가셨느니라.

엡 4:10 내리셨던 그가 곧 모든 하늘 위에 오르신 자니 이는 만물을 충만하게 하려 하심이라.

참조_ 눅 24:50-51, 행 1:9-11.

39 '하나님 우편'이란 무슨 뜻입니까?

오른편은 언제나 가장 높고 권위 있으며 영원하고 영광이 가득한 자리라는 뜻이 담겨 있습니다. 그 때문에 그리스도께서 하나님 우편에 앉아 계시다는 것은 그분이 온 세계 만물을 다스릴 권세를 가지셨다는 의미입니다.

마 26:64 예수께서 이르시되 네가 말하였느니라. 그러나 내가 너희에게 이르노니 이 후에 인자가 권능의 우편에 앉아 있는 것과 하늘 구름을 타고 오는 것을 너희가 보리라 하시니.

40 그리스도께서 하나님 우편에 앉아 계신 것과 우리는 무슨 상관이 있습니까?

그리스도께서는 온 만물을 다스리면서 성령을 통해 그분의 몸된 교회를 보호하고 우리를 위해 간구하십니다.

마 28:18-20 예수께서 나아와 말씀하여 이르시되 하늘과 땅의 모든 권세를 내게 주셨으니 그러므로 너희는 가서 모든 민족을 제자로 삼아 아버지와 아들과 성령의 이름으로 세례를 베풀고 내가 너희에게 분부한 모든 것을 가르쳐 지키게 하라. 볼지어다. 내가 세상 끝날까지 너희와 항상 함께 있으리라 하시니라.

엡 1:20-23 그의 능력이 그리스도 안에서 역사하사 죽은 자들 가운데서 다시 살리시고 하늘에서 자기의 오른편에 앉히사 모든 통치와 권세와 능력과 주권과 이 세상뿐 아니라 오는 세상에 일컫는 모든 이름 위에 뛰어나게 하시고 또 만물을 그의 발 아래에 복종하게 하

시고 그를 만물 위에 교회의 머리로 삼으셨느니라. 교회는 그의 몸이
니 만물 안에서 만물을 충만하게 하시는 이의 충만함이니라.

롬 8:34 누가 정죄하리요. 죽으실 뿐 아니라 다시 살아나신 이는 그
리스도 예수시니 그는 하나님 우편에 계신 자요 우리를 위하여 간구
하시는 자시니라.

41 이 세상의 마지막 날에 어떤 일이 일어납니까?

그리스도께서 다시 오셔서 산 자와 죽은 자를 심판하실 것입니다.

행 1:11 이르되 갈릴리 사람들아, 어찌하여 서서 하늘을 쳐다보느냐.
너희 가운데서 하늘로 올려지신 이 예수는 하늘로 가심을 본 그대로
오시리라 하였느니라.

행 10:42 우리에게 명하사 백성에게 전도하되 하나님이 살아 있는 자
와 죽은 자의 재판장으로 정하신 자가 곧 이 사람인 것을 증언하게
하셨고.

계 1:7 볼지어다. 그가 구름을 타고 오시리라. 각 사람의 눈이 그를
보겠고 그를 찌른 자들도 볼 것이요 땅에 있는 모든 족속이 그로 말
미암아 애곡하리니 그러하리라. 아멘.

마 25:31 인자가 자기 영광으로 모든 천사와 함께 올 때에 자기 영광
의 보좌에 앉으리니.

고후 5:10 이는 우리가 다 반드시 그리스도의 심판대 앞에 나타나게
되어 각각 선악간에 그 몸으로 행한 것을 따라 받으려 함이라.

벧후 3:10 그러나 주의 날이 도둑 같이 오리니 그날에는 하늘이 큰소

리로 떠나가고 물질이 뜨거운 불에 풀어지고 땅과 그중에 있는 모든 일이 드러나리로다.

42 예수님을 가리켜 왜 '주님'이라고 고백합니까?

그분의 모든 행동과 말씀, 심지어 고난받고 죽으신 것, 그리고 부활까지도 나를 죄와 죽음과 마귀의 권세에서 구하기 위한 일이었기 때문입니다. 그 때문에 우리는 그리스도를 '나의 주'라고 부르고, 다른 말로 '중보자'라고도 부릅니다.

행 2:36 그런즉 이스라엘 온 집은 확실히 알지니 너희가 십자가에 못 박은 이 예수를 하나님이 주와 그리스도가 되게 하셨느니라 하니라.

딤후 1:12 이로 말미암아 내가 또 이 고난을 받되 부끄러워하지 아니함은 내가 믿는 자를 내가 알고 또한 내가 의탁한 것을 그날까지 그가 능히 지키실 줄을 확신함이라.

갈 2:20 내가 그리스도와 함께 십자가에 못 박혔나니 그런즉 이제는 내가 사는 것이 아니요 오직 내 안에 그리스도께서 사시는 것이라. 이제 내가 육체 가운데 사는 것은 나를 사랑하사 나를 위하여 자기 자신을 버리신 하나님의 아들을 믿는 믿음 안에서 사는 것이라.

고후 5:15 그가 모든 사람을 대신하여 죽으심은 살아 있는 자들로 하여금 다시는 그들 자신을 위하여 살지 않고 오직 그들을 대신하여 죽었다가 다시 살아나신 이를 위하여 살게 하려 함이라.

엡 1:7 우리는 그리스도 안에서 그의 은혜의 풍성함을 따라 그의 피로 말미암아 속량 곧 죄 사함을 받았느니라.

고전 15:55-57 사망아, 너의 승리가 어디 있느냐. 사망아, 네가 쏘는 것이 어디 있느냐. 사망이 쏘는 것은 죄요 죄의 권능은 율법이라. 우리 주 예수 그리스도로 말미암아 우리에게 승리를 주시는 하나님께 감사하노니.

요일 3:8 죄를 짓는 자는 마귀에게 속하나니 마귀는 처음부터 범죄함이라. 하나님의 아들이 나타나신 것은 마귀의 일을 멸하려 하심이라.

골 2:15 통치자들과 권세들을 무력화하여 드러내어 구경거리로 삼으시고 십자가로 그들을 이기셨느니라.

요 5:24 내가 진실로 진실로 너희에게 이르노니 내 말을 듣고 또 나 보내신 이를 믿는 자는 영생을 얻었고 심판에 이르지 아니하나니 사망에서 생명으로 옮겼느니라.

참조. 눅 1:67-75, 롬 12:4-16.

43 '중보자'란 무엇입니까?

원래는 하나님께서 세우신 왕과 예언자와 제사장의 직무입니다. 이 직무는 하나님과 인간 사이에서 관계를 회복시키는 일입니다. 그리스도는 중보자로서 우리의 죄를 용서하고 대속하여 우리와 하나님의 관계를 회복하게 하십니다. 이것이 그리스도의 구원 사역입니다.

딤전 2:4-6 하나님은 모든 사람이 구원을 받으며 진리를 아는 데에 이르기를 원하시느니라. 하나님은 한 분이시요 또 하나님과 사람 사이에 중보자도 한 분이시니 곧 사람이신 그리스도 예수라. 그가 모든 사람을 위하여 자기를 대속물로 주셨으니 기약이 이르러 주신 증거니라.

고전 1:30 너희는 하나님으로부터 나서 그리스도 예수 안에 있고 예수는 하나님으로부터 나와서 우리에게 지혜와 의로움과 거룩함과 구원함이 되셨으니.

요일 2:1-2 나의 자녀들아, 내가 이것을 너희에게 씀은 너희로 죄를 범하지 않게 하려 함이라. 만일 누가 죄를 범하여도 아버지 앞에서 우리에게 대언자가 있으니 곧 의로우신 예수 그리스도시라. 그는 우리 죄를 위한 화목제물이니 우리만 위할 뿐 아니요 온 세상의 죄를 위하심이라.

44 무엇으로 우리를 구원하십니까?

금이나 은이 아닙니다. 오직 그리스도께서 십자가에서 흘리신 거룩한 보혈과 죽음만이 우리를 구원합니다.

벧전 1:18-19 너희가 알거니와 너희 조상이 물려준 헛된 행실에서 대속함을 받은 것은 은이나 금 같이 없어질 것으로 된 것이 아니요 오직 흠 없고 점 없는 어린양 같은 그리스도의 보배로운 피로 된 것이니라.

사 53:4-5 그는 실로 우리의 질고를 지고 우리의 슬픔을 당하였거늘 우리는 생각하기를 그는 징벌을 받아 하나님께 맞으며 고난을 당한다 하였노라. 그가 찔림은 우리의 허물 때문이요 그가 상함은 우리의 죄악 때문이라. 그가 징계를 받으므로 우리는 평화를 누리고 그가 채찍에 맞으므로 우리는 나음을 받았도다.

요 1:29 이튿날 요한이 예수께서 자기에게 나아오심을 보고 이르되 보라. 세상 죄를 지고 가는 하나님의 어린양이로다.

히 7:26 이러한 대제사장은 우리에게 합당하니 거룩하고 악이 없고 더러움이 없고 죄인에게서 떠나 계시고 하늘보다 높이 되신 이라.

고후 5:21 하나님이 죄를 알지도 못하신 이를 우리를 대신하여 죄로 삼으신 것은 우리로 하여금 그 안에서 하나님의 의가 되게 하려 하심이라.

요일 1:7 그가 빛 가운데 계신 것같이 우리도 빛 가운데 행하면 우리가 서로 사귐이 있고 그 아들 예수의 피가 우리를 모든 죄에서 깨끗하게 하실 것이요.

45 무엇 때문에 우리를 구원하십니까?

우리는 하나님의 것이요, 그분의 사랑하는 백성입니다. 그 사랑 때문에 십자가 죽음이라는 값을 치러 우리를 살리려고 하십니다. 이제 우리가 해야 할 일은 믿음 가운데 감사와 찬송으로 하나님께 영광을 돌리고, 그리스도께서 몸소 행하신 대로 이웃의 유익을 위해 살아야 합니다. 그것이 새로운 삶 곧 제자의 삶입니다.

고전 6:19 너희 몸은 너희가 하나님께로부터 받은 바 너희 가운데 계신 성령의 전인 줄을 알지 못하느냐. 너희는 너희 자신의 것이 아니라.

딤후 2:11-12 미쁘다, 이 말이여. 우리가 주와 함께 죽었으면 또한 함께 살 것이요 참으면 또한 함께 왕 노릇 할 것이요 우리가 주를 부인하면 주도 우리를 부인하실 것이라.

요 12:26 사람이 나를 섬기려면 나를 따르라. 나 있는 곳에 나를 섬기는 자도 거기 있으리니 사람이 나를 섬기면 내 아버지께서 그를 귀히 여기시리라.

롬 6:4 그러므로 우리가 그의 죽으심과 합하여 세례를 받음으로 그와 함께 장사되었나니 이는 아버지의 영광으로 말미암아 그리스도를 죽은 자 가운데서 살리심과 같이 우리로 또한 새 생명 가운데서 행하게 하려 함이라.

46 당신은 그렇게 살기로 결심했습니까?

예, 진심으로 그렇게 살겠습니다. 그리스도께서 십자가에 달려 돌아가시기까지 나를 사랑하셨듯이, 나도 그분을 사랑하고 이웃을 섬기는 삶을 살겠습니다.

고후 5:15 그가 모든 사람을 대신하여 죽으심은 살아 있는 자들로 하여금 다시는 그들 자신을 위하여 살지 않고 오직 그들을 대신하여 죽었다가 다시 살아나신 이를 위하여 살게 하려 함이라.

47 제2조에 대한 답변에서 '이것은 확실한 진리입니다'라고 말하며 끝낸 이유가 무엇입니까?

이렇게 고백한 것은 모두 성경에 기록된 말씀이 영원히 변치 않는 약속이기 때문입니다. 사망 권세를 이기고 부활하신 예수 그리스도는 나의 구주입니다. 그 때문에 나는 이 진리를 확신하며 살 것입니다.

롬 8:38-39 내가 확신하노니 사망이나 생명이나 천사들이나 권세자들이나 현재 일이나 장래 일이나 능력이나 높음이나 깊음이나 다른 어떤 피조물이라도 우리를 우리 주 그리스도 예수 안에 있는 하나님의 사랑에서 끊을 수 없으리라.

히 13:8 예수 그리스도는 어제나 오늘이나 영원토록 동일하시니라.

제3조 | 성화

"성령을 믿사오며, 거룩한 공회와, 성도가 서로 교통하는 것과, 죄를 사하여 주시는 것과, 몸이 다시 사는 것과, 영원히 사는 것을 믿사옵나이다. 아멘."

이것은 무슨 뜻입니까?

나는 믿습니다. 내 이성과 힘으로는 예수 그리스도를 나의 주님으로 믿을 수 없고, 그분께 다가설 수도 없습니다. 복음으로 나를 부르신 분은 오직 거룩한 성령이십니다. 성령의 은사로[10] 나를 밝혀 주셔서 바른 믿음 가운데 거룩하고 강건하게 지켜 주십니다.

같은 방법으로 성령께서는 땅 위의 모든 그리스도의 교회를 부르고 모으고 깨닫게 하고 거룩하게 만드시며, 그리스도 곁에서 바른 믿음, 하나 된 믿음으로 온 교회를 지켜 주십니다.

---

10 루터는 말씀과 성례전(세례와 성만찬)이야말로 확실한 성령의 은사(Gabe, 선물)라고 가르친다. 이 은사는 그리스도를 나의 주님으로 확신하는 은혜의 통로이며 수단이다.

성령께서는 교회 공동체 안에서 나와 모든 신자가 매일 범하는 죄를 깨끗이 용서하시고, 종말의 때에 나와 죽어 있는 모든 자를 깨우실 것입니다. 그리하여 나와 그리스도 안에 있는 모든 신자에게 영원한 생명을 주실 것입니다.

이것은 확실한 진리입니다.

48 셋째 조항의 주제는 무엇입니까?

성화聖化, Heiligung입니다.

49 '성화'란 무엇입니까?

성령님이 하시는 일입니다. 성령께서는 나를 그리스도 안에서 믿음으로 인도하며 복된 삶의 열매를 맺게 하십니다.

고전 12:3 그러므로 내가 너희에게 알리노니 하나님의 영으로 말하는 자는 누구든지 예수를 저주할 자라 하지 아니하고 또 성령으로 아니하고는 누구든지 예수를 주시라 할 수 없느니라.

고전 6:11 너희 중에 이와 같은 자들이 있더니 주 예수 그리스도의 이름과 우리 하나님의 성령 안에서 씻음과 거룩함과 의롭다 하심을 받았느니라.

성령은 누구십니까?

성령은 거룩한 삼위일체 하나님의 세 번째 위격입니다. 그분은 성부와 성자와 더불어 참 하나님이십니다.

요 15:26 내가 아버지께로부터 너희에게 보낼 보혜사 곧 아버지께로부터 나오시는 진리의 성령이 오실 때에 그가 나를 증언하실 것이요.

51 굳이 성령께서 당신을 거룩하게 성화시키실 이유가 있습니까?

성경에 따르면, 우리의 본성은 악하고 죄에 물들어 있습니다. 그것은 곧 하나님의 원수라는 뜻입니다. 그러므로 우리의 힘과 능력으로는 거룩하게 될 수 없습니다. 하지만 구주이신 그리스도 예수께서는 이런 우리의 모습을 잘 알고 우리를 위해 성령을 보내 주셨습니다.

고전 2:14 육에 속한 사람은 하나님의 성령의 일들을 받지 아니하나니 이는 그것들이 그에게는 어리석게 보임이요, 또 그는 그것들을 알 수도 없나니 그러한 일은 영적으로 분별되기 때문이라.

빌 2:13 너희 안에서 행하시는 이는 하나님이시니 자기의 기쁘신 뜻을 위하여 너희에게 소원을 두고 행하게 하시나니.

딤후 1:9 하나님이 우리를 구원하사 거룩하신 소명으로 부르심은 우리의 행위대로 하심이 아니요 오직 자기의 뜻과 영원 전부터 그리스도 예수 안에서 우리에게 주신 은혜대로 하심이라.

엡 2:8-9 너희는 그 은혜에 의하여 믿음으로 말미암아 구원을 받았으니 이것은 너희에게서 난 것이 아니요 하나님의 선물이라. 행위에서 난 것이 아니니 이는 누구든지 자랑하지 못하게 함이라.

52 성령께서 당신을 성화하시는 방법은 무엇입니까?

하나님의 은총의 도구인 말씀과 성례전으로 나를 거룩하게 만들어 가십니다. 성령께서는 복음으로 나를 부르시고, 그분의 은사로써 나를 깨닫게 하시며, 믿음 가운데 거룩하게 살도록 도우십니다.

53 '복음으로 나를 부르신다'는 것은 무슨 뜻입니까?

성령께서는 세례로 우리를 초대하시고, 복음으로 인도하여 우리를 하나 되게 하십니다.

막 16:15-16 또 이르시되 너희는 온 천하에 다니며 만민에게 복음을 전파하라. 믿고 세례를 받는 사람은 구원을 얻을 것이요 믿지 않는 사람은 정죄를 받으리라.

살후 2:14 이를 위하여 우리의 복음으로 너희를 부르사 우리 주 예수 그리스도의 영광을 얻게 하려 하심이니라.

계 22:17 성령과 신부가 말씀하시기를 오라 하시는도다. 듣는 자도 오라 할 것이요 목마른 자도 올 것이요 또 원하는 자는 값없이 생명수를 받으라 하시더라.

참조. 행 8:5-8, 16:25-34, 엡 4:11-14.

54 '은사로써 깨닫게 하신다'는 것은 무슨 뜻입니까?

은사란 선물이란 뜻입니다. 그러므로 은사로 깨닫게 한다는 것은 성령께서 주신 선물로 우리를 깨우친다는 의미입니다. 즉 은사의 목적은 우리로 하여금 그리스도의 품성을 온전히 닮도록 하는 데 있습니다. 이것은 나의 유익을 위한 것이 아니라 모든 이의 유익을 위한 것입니다. 특별히 성령의 은사는 교회 공동체의 유익을 위한 것이라는 사실을 유념해야 합니다.

고전 6:11 너희 중에 이와 같은 자들이 있더니 주 예수 그리스도의 이름과 우리 하나님의 성령 안에서 씻음과 거룩함과 의롭다 하심을 받았느니라.

고전 12:7 각 사람에게 성령을 나타내심은 유익하게 하려 하심이라.

행 26:17-18 이스라엘과 이방인들에게서 내가 너를 구원하여 그들에게 보내어 그 눈을 뜨게 하여 어둠에서 빛으로, 사탄의 권세에서 하나님께로 돌아오게 하고 죄 사함과 나를 믿어 거룩하게 된 무리 가운데서 기업을 얻게 하리라 하더이다.

엡 1:17-18 우리 주 예수 그리스도의 하나님, 영광의 아버지께서 지혜와 계시의 영을 너희에게 주사 하나님을 알게 하시고 너희 마음의 눈을 밝히사 그의 부르심의 소망이 무엇이며 성도 안에서 그 기업의 영광의 풍성함이 무엇이며.

롬 15:13 소망의 하나님이 모든 기쁨과 평강을 믿음 안에서 너희에게 충만하게 하사 성령의 능력으로 소망이 넘치게 하시기를 원하노라.

55 우리를 부르고 깨닫게 하는 성령의 사역을 무엇이라고 합니까?

'회개'(참회) 또는 '거듭남'(중생)이라고 합니다. 회개라는 말은 '가던 길을 돌아서 간다'는 의미인데, 죄를 돌이켜 하나님께로 돌아선다는 뜻입니다.

행 3:19 그러므로 너희가 회개하고 돌이켜 너희 죄 없이 함을 받으라. 이같이 하면 새롭게 되는 날이 주 앞으로부터 이를 것이요.

렘 31:18 에브라임이 스스로 탄식함을 내가 분명히 들었노니 주께서 나를 징벌하시매 멍에에 익숙하지 못한 송아지 같은 내가 징벌을 받았나이다. 주는 나의 하나님 여호와이시니 나를 이끌어 돌이키소서. 그리하시면 내가 돌아오겠나이다.

요 3:5-6 예수께서 대답하시되 진실로 진실로 네게 이르노니 사람이 물과 성령으로 나지 아니하면 하나님의 나라에 들어갈 수 없느니라. 육으로 난 것은 육이요 영으로 난 것은 영이니.

56 성령께서 무엇으로 우리의 죄를 깨닫게 하십니까?

율법을 통해 깨닫게 하십니다. 그 깨달음은 죄에 대한 통회와 고백으로 이끌고, 선하신 그리스도에 대한 믿음으로 인도합니다.

롬 3:20 그러므로 율법의 행위로 그의 앞에 의롭다 하심을 얻을 육체가 없나니 율법으로는 죄를 깨달음이니라.

57 '통회'悔悔란 무엇입니까?

양심이 소스라치게 놀라는 것입니다. 하나님 앞에 죄인으로 서 있다는 깨달음이 그렇게 만듭니다.

시 51:5-6 내가 죄악 중에서 출생하였음이여 어머니가 죄 중에서 나를 잉태하였나이다. 보소서. 주께서는 중심이 진실함을 원하시오니 내게 지혜를 은밀히 가르치시리이다.

시 51:19 그때에 주께서 의로운 제사와 번제와 온전한 번제를 기뻐하시리니 그때에 그들이 수소를 주의 제단에 드리이다.

고후 7:10 하나님의 뜻대로 하는 근심은 후회할 것이 없는 구원에 이르게 하는 회개를 이루는 것이요 세상 근심은 사망을 이루는 것이니라.

58   '선하신 그리스도에 대한 믿음'이란 무엇입니까?

우리의 악한 죄를 용서하며 있는 그대로의 모습으로 받아주시는 그리스도에 대한 신뢰입니다. 이것을 우리는 '은혜' 또는 '은총'이라고 부릅니다.

엡 2:8-9 너희는 그 은혜에 의하여 믿음으로 말미암아 구원을 받았으니 이것은 너희에게서 난 것이 아니요 하나님의 선물이라. 행위에서 난 것이 아니니 이는 누구든지 자랑하지 못하게 함이라.

59   '참된 믿음'이란 무엇입니까?

단순히 누구나 알고 있는 어떤 지식에 동의한다는 뜻이 아닙니다. 참된 믿음이란 모든 것을 내맡기는 신뢰*fiducia*입니다. 하나님의 자비하심에 몸과 마음을 내맡기는 것이고, 나와 우리를 위한 예수 그리스도의 공로에 온전히 기대는 믿음입니다.

벧전 1:13 그러므로 너희 마음의 허리를 동이고 근신하여 예수 그리스도께서 나타나실 때에 너희에게 가져다주실 은혜를 온전히 바랄지어다.

롬 8:33-34 누가 능히 하나님께서 택하신 자들을 고발하리요. 의롭다 하신 이는 하나님이시니 누가 정죄하리요. 죽으실 뿐 아니라 다시 살아나신 이는 그리스도 예수시니 그는 하나님 우편에 계신 자요 우리를 위하여 간구하시는 자시니라.

60 회개하는 자에게 미치는 성령의 역할은 무엇입니까?

그를 거룩하게 만들고 참된 믿음 가운데 거하게 하십니다.

61 어떻게 그렇게 하십니까?

성령께서는 믿음을 통해 우리에게 그리스도의 의를 선물로 주십니다. 그것을 통해 우리가 의롭게 되었다는 것을 깨닫게 되고 자유와 평화를 누리게 됩니다. 또한 거기서 끝나지 않고, 우리에게 주신 그리스도의 의는 선한 삶을 살도록 만듭니다.

창 15:6 아브람이 여호와를 믿으니 여호와께서 이를 그의 의로 여기시고.

시 103:1-3 내 영혼아, 여호와를 송축하라. 내 속에 있는 것들아, 다 그의 거룩한 이름을 송축하라. 내 영혼아, 여호와를 송축하며 그의 모든 은택을 잊지 말지어다. 그가 네 모든 죄악을 사하시며 네 모든 병을 고치시며.

고후 5:21 하나님이 죄를 알지도 못하신 이를 우리를 대신하여 죄로 삼으신 것은 우리로 하여금 그 안에서 하나님의 의가 되게 하려 하심이라.

롬 3:22-24 곧 예수 그리스도를 믿음으로 말미암아 모든 믿는 자에게 미치는 하나님의 의니 차별이 없느니라. 모든 사람이 죄를 범하였으매 하나님의 영광에 이르지 못하더니 그리스도 예수 안에 있는 속량으로 말미암아 하나님의 은혜로 값없이 의롭다 하심을 얻은 자 되었느니라.

롬 8:33 누가 능히 하나님께서 택하신 자들을 고발하리요. 의롭다 하신 이는 하나님이시니.

62   '우리에게 그리스도의 의를 주신다'는 것은 무슨 뜻입니까?

죄인을 의롭다고 선언한다는 뜻입니다. 다른 말로 '칭의'稱義 라고도 부릅니다.

63   칭의라는 말이 어려운데 그 뜻은 무엇입니까?

구원받을 만한 자격이 없지만(죄인), 그럼에도 불구하고 구원받을 수 있다고 선고하는 것입니다. 최고 법정의 판결과 같기 때문에 이 판결은 뒤집히지 않습니다. 사실 죄인은 이런 선고를 받을 수 없습니다. 그러나 그리스도의 십자가 공로를 믿는 사람이라면 누구든지 죄를 용서하고 의인으로 판결하겠다고 약속하셨습니다. 여기서 의인이 된다는 것은 죄와 사망, 악의 굴레에서 풀려나 자유인이 된다는 것을 의미합니다. 이제 아무것도 의인을 속박할 수 없습니다. 그리스도 외에 다른 곳에서는 구원을 얻을 수 없습니다. 오직 그리스도만으로 구원받는다는 것은 누구든지 용서받을 수 있다는 뜻입니다. 이것이 은총이요 복음입니다. 칭의의 선고를 받은 그리스도인은 비로소 모든 만물로부터 완전한 자유인이 됩니다. 그러나 동시에 그리스도인은 모든 만물의 종이 됩니다. 이것은 오직 자유를 선고받은 사람에게만 나타나는 징표입니다.

롬 5:18 그런즉 한 범죄로 많은 사람이 정죄에 이른 것같이 한 의로운 행위로 말미암아 많은 사람이 의롭다 하심을 받아 생명에 이르렀느니라.

롬 3:28 그러므로 사람이 의롭다 하심을 얻는 것은 율법의 행위에 있지 않고 믿음으로 되는 줄 우리가 인정하노라.

롬 8:33-34 누가 능히 하나님께서 택하신 자들을 고발하리요. 의롭다 하신 이는 하나님이시니 누가 정죄하리요. 죽으실 뿐 아니라 다시 살아나신 이는 그리스도 예수시니 그는 하나님 우편에 계신 자요 우리를 위하여 간구하시는 자시니라.

행 4:12 다른 이로써는 구원을 받을 수 없나니. 천하 사람 중에 구원을 받을 만한 다른 이름을 우리에게 주신 일이 없음이라 하였더라.

칭의는 내가 구원에 합당한 사람이 되었다는 하늘 아버지의 기쁜 소식이요 선언입니다. 이로써 나는 그분의 자녀가 되고 상속자가 됩니다. 이제 믿음 가운데 의인으로 선언된 사람은 성령 안에서 의와 화평과 기쁨을 누리며, 영광스러운 미래를 소망하며 참으로 선한 일을 할 수 있게 됩니다.

마 9:2 침상에 누운 중풍병자를 사람들이 데리고 오거늘 예수께서 그들의 믿음을 보시고 중풍병자에게 이르시되 작은 자야, 안심하라. 네 죄 사함을 받았느니라.

롬 5:1-2 그러므로 우리가 믿음으로 의롭다 하심을 받았으니 우리 주 예수 그리스도로 말미암아 하나님과 화평을 누리자. 또한 그로 말미암아 우리가 믿음으로 서 있는 이 은혜에 들어감을 얻었으며 하나님의 영광을 바라고 즐거워하느니라.

롬 8:14-17 무릇 하나님의 영으로 인도함을 받는 사람은 곧 하나님의 아들이라. 너희는 다시 무서워하는 종의 영을 받지 아니하고 양자의 영을 받았으므로 우리가 아빠 아버지라고 부르짖느니라. 성령이 친히 우리의 영과 더불어 우리가 하나님의 자녀인 것을 증언하시나니 자녀이면 또한 상속자 곧 하나님의 상속자요 그리스도와 함께한 상속자니 우리가 그와 함께 영광을 받기 위하여 고난도 함께 받아야 할 것이니라.

롬 8:31-32 그런즉 이 일에 대하여 우리가 무슨 말 하리요. 만일 하나님이 우리를 위하시면 누가 우리를 대적하리요. 자기 아들을 아끼지 아니하시고 우리 모든 사람을 위하여 내주신 이가 어찌 그 아들과 함께 모든 것을 우리에게 주시지 아니하겠느냐.

롬 14:17-18 하나님의 나라는 먹는 것과 마시는 것이 아니요 오직 성령 안에 있는 의와 평강과 희락이라. 이로써 그리스도를 섬기는 자는 하나님을 기쁘시게 하며 사람에게도 칭찬을 받느니라.

계 1:5-6 또 충성된 증인으로 죽은 자들 가운데에서 먼저 나시고 땅의 임금들의 머리가 되신 예수 그리스도로 말미암아 은혜와 평강이 너희에게 있기를 원하노라. 우리를 사랑하사 그의 피로 우리 죄에서 우리를 해방하시고 그의 아버지 하나님을 위하여 우리를 나라와 제사장으로 삼으신 그에게 영광과 능력이 세세토록 있기를 원하노라. 아멘.

65 '성령께서 우리 가운데 거하며 선한 일을 하도록 이끌어 주신다'는 것은 무슨 뜻입니까?

성령께서는 우리의 믿음을 지켜 주시며 새로운 존재로 거듭나게 하십니다. 그리고 우리가 하나님의 뜻에 순종하며 그분의 뜻에 참여하도록 이끄십니다.

갈 2:20 내가 그리스도와 함께 십자가에 못 박혔나니 그런즉 이제는 내가 사는 것이 아니요 오직 내 안에 그리스도께서 사시는 것이라. 이제 내가 육체 가운데 사는 것은 나를 사랑하사 나를 위하여 자기 자신을 버리신 하나님의 아들을 믿는 믿음 안에서 사는 것이라.

고후 5:17 그런즉 누구든지 그리스도 안에 있으면 새로운 피조물이라. 이전 것은 지나갔으니 보라. 새것이 되었도다.

시 51:10 하나님이여, 내 속에 정한 마음을 창조하시고 내 안에 정직한 영을 새롭게 하소서.

회개에 합당한 열매를 맺는다는 것을 뜻합니다. 쉽게 말해, 내가 주인 되어 살던 방식에서 벗어나 하나님이 주인 된 삶을 사는 것입니다. 그렇게 순종하며 살 때 우리는 비로소 하나님의 계명을 기쁘게 지킬 수 있고, 선한 열매를 일상에서 맺을 수 있습니다. 이것은 마치 지구가 태양 주위를 돌며 빛과 에너지를 받아 푸르름을 유지하는 것과 같은 이치입니다.

마 7:17-18 이와 같이 좋은 나무마다 아름다운 열매를 맺고 못된 나무가 나쁜 열매를 맺나니 좋은 나무가 나쁜 열매를 맺을 수 없고 못된 나무가 아름다운 열매를 맺을 수 없느니라.

딛 3:8 이 말이 미쁘도다. 원하건대 너는 이 여러 것에 대하여 굳세게 말하라. 이는 하나님을 믿는 자들로 하여금 조심하여 선한 일을 힘쓰게 하려 함이라. 이것은 아름다우며 사람들에게 유익하니라.

갈 5:22-23 오직 성령의 열매는 사랑과 희락과 화평과 오래 참음과 자비와 양선과 충성과 온유와 절제니 이 같은 것을 금지할 법이 없느니라.

엡 2:10 우리는 그가 만드신 바라. 그리스도 예수 안에서 선한 일을 위하여 지으심을 받은 자니 이 일은 하나님이 전에 예비하사 우리로 그 가운데서 행하게 하려 하심이니라.

성령께서는 우리가 악에 빠지지 않도록 우리를 믿음 가운데서 은혜로 지키고 보호하십니다. 분명히 우리는 개미만한 악의 유혹 앞에서도 흔들릴 정도로 연약합니다. 그러나 성령께서는 그렇게 약한 우리를 그리스도의 날에 이를 때까지 복음의 말씀과 함께 굳건히 지켜 주십니다.

빌 1:6 너희 안에서 착한 일을 시작하신 이가 그리스도 예수의 날까지 이루실 줄을 우리는 확신하노라.

살전 2:13 이러므로 우리가 하나님께 끊임없이 감사함은 너희가 우리에게 들은 바 하나님의 말씀을 받을 때에 사람의 말로 받지 아니하고 하나님의 말씀으로 받음이니 진실로 그러하도다. 이 말씀이 또한 너희 믿는 자 가운데에서 역사하느니라.

살전 5:22-24 악은 어떤 모양이라도 버리라. 평강의 하나님이 친히 너희를 온전히 거룩하게 하시고 또 너희의 온 영과 혼과 몸이 우리 주 예수 그리스도께서 강림하실 때에 흠 없게 보전되기를 원하노라. 너희를 부르시는 이는 미쁘시니 그가 또한 이루시리라.

계 2:10 너는 장차 받을 고난을 두려워하지 말라. 볼지어다. 마귀가 장차 너희 가운데에서 몇 사람을 옥에 던져 시험을 받게 하리니 너희가 십 일 동안 환난을 받으리라. 네가 죽도록 충성하라. 그리하면 내가 생명의 관을 네게 주리라.

벧전 1:5 너희는 말세에 나타내기로 예비하신 구원을 얻기 위하여 믿음으로 말미암아 하나님의 능력으로 보호하심을 받았느니라.

성화란 성령께서 나를 위해 하시는 일이지, 내가 성령을 위해 하는 일이 아닙니다. 게다가 사람이 성령의 주인이 될 수 없습니다. 성령은 내 손안에 쥐어진 만능열쇠나 요술봉이 아닙니다. 그러니 내가 성령을 오라 가라 할 수 없습니다. 다만 우리가 성령의 사역 앞에서 할 수 있는 일은, 말씀과 함께 임하시는 성령의 가르침을 기다리고 받아들이며 위로받고 순종하는 것입니다.

엡 4:30 하나님의 성령을 근심하게 하지 말라. 그 안에서 너희가 구원의 날까지 인치심을 받았느니라.

히 10:26-27 우리가 진리를 아는 지식을 받은 후 짐짓 죄를 범한즉 다시 속죄하는 제사가 없고 오직 무서운 마음으로 심판을 기다리는 것과 대적하는 자를 태울 맹렬한 불만 있으리라.

빌 2:12-13 그러므로 나의 사랑하는 자들아, 너희가 나 있을 때뿐 아니라 더욱 지금 나 없을 때에도 항상 복종하여 두렵고 떨림으로 너희 구원을 이루라. 너희 안에서 행하시는 이는 하나님이시니 자기의 기쁘신 뜻을 위하여 너희에게 소원을 두고 행하게 하시나니.

『대교리문답』, 225. "성령은 말씀으로 우리를 모으고, 죄 용서의 믿음을 주십니다."

69 성령께서 당신을 성화시키는 장소는 어디입니까?

하나님의 말씀과 함께 사는 모든 삶의 자리입니다. 그중에서도 특별히 교회는 중요합니다. 이곳은 그리스도의 거룩한 몸이며, 그분을 믿는 신자들의 공동체이기 때문입니다.

'교회'란 무엇입니까?

'하나님의 집'으로 불리지만 건물을 지칭하는 말은 아닙니다. 복음이 순수하게 선포되며 성례전이 바르게 집행되는 신자들의 공동체가 교회입니다. 우물곁이라도 신자들이 모여 말씀을 듣고 성찬을 나눌 수 있다면, 그곳이 교회입니다.

딤전 3:15 만일 내가 지체하면 너로 하여금 하나님의 집에서 어떻게 행하여야 할지를 알게 하려 함이니 이 집은 살아 계신 하나님의 교회요 진리의 기둥과 터니라.

엡 2:19-22 그러므로 이제부터 너희는 외인도 아니요 나그네도 아니요 오직 성도들과 동일한 시민이요 하나님의 권속이라. 너희는 사도들과 선지자들의 터 위에 세우심을 입은 자라. 그리스도 예수께서 친히 모퉁잇돌이 되셨느니라. 그의 안에서 건물마다 서로 연결하여 주 안에서 성전이 되어 가고 너희도 성령 안에서 하나님이 거하실 처소가 되기 위하여 그리스도 예수 안에서 함께 지어져 가느니라.

엡 5:25-27 남편들아, 아내 사랑하기를 그리스도께서 교회를 사랑하시고 그 교회를 위하여 자신을 주심 같이 하라. 이는 곧 물로 씻어 말씀으로 깨끗하게 하사 거룩하게 하시고 자기 앞에 영광스러운 교회로 세우사 티나 주름 잡힌 것이나 이런 것들이 없이 거룩하고 흠이 없게 하려 하심이라.

신앙의 선조인 키푸리아누스Cyprianus von Karthago, ?-258의 말로 하자면, '교회 밖에는 구원이 없기 때문'extra Ecclesiam nulla salus입니다. 하지만 이 말을 '교회 안 다니면 곧장 지옥행!'이라는 식으로 성급히 이해해서는 안 됩니다. 이 유명한 구절의 본래 강조점은 그런 데 있지 않습니다. 교회의 머리가 되시는 그리스도는 온 인류의 죄를 용서하기 위해 십자가에 달리신 분입니다. 그러므로 교회의 거룩성은 언제나 죄 용서에 달려 있습니다. 그러므로 교회라는 간판이 붙어 있어도 죄 용서가 없는 곳이라면, 그곳은 언제나 '교회 밖'입니다. 즉 죄 용서 대신 구별과 차별과 혐오를 일삼고 있다면, 그곳은 교회가 아닙니다. 누구나 품어 주고 용서하는 그리스도의 환대가 있는 곳만이 거룩한 교회입니다. 교회는 누구에게나 열려 있습니다. 나 같은 사람도 용서받고 환대받을 수 있다는 복음이 이 공동체에 있기 때문에 나는 교회를 믿는 것입니다. 이것은 순전히 그리스도의 공로이고, 이를 알게 하는 것은 말씀과 함께 움직이는 성령의 도우심입니다.

엡 4:3-6 평안의 매는 줄로 성령이 하나 되게 하신 것을 힘써 지키라. 몸이 하나요 성령도 한 분이시니 이와 같이 너희가 부르심의 한 소망 안에서 부르심을 받았느니라. 주도 한 분이시요 믿음도 하나요 세례도 하나요 하나님도 한 분이시니 곧 만유의 아버지시라 만유 위에 계시고 만유를 통일하시고 만유 가운데 계시도다.

갈 3:28 너희는 유대인이나 헬라인이나 종이나 자유인이나 남자나 여자나 다 그리스도 예수 안에서 하나이니라.

요일 1:9 만일 우리가 우리 죄를 자백하면 그는 미쁘시고 의로우사 우리 죄를 사하시며 우리를 모든 불의에서 깨끗하게 하실 것이요.

마 7:17 이와 같이 좋은 나무마다 아름다운 열매를 맺고 못된 나무가 나쁜 열매를 맺나니.

요일 4:1 사랑하는 자들아, 영을 다 믿지 말고 오직 영들이 하나님께 속하였나 분별하라. 많은 거짓 선지자가 세상에 나왔음이라.

롬 3:22-24 곧 예수 그리스도를 믿음으로 말미암아 모든 믿는 자에게 미치는 하나님의 의니 차별이 없느니라. 모든 사람이 죄를 범하였으매 하나님의 영광에 이르지 못하더니 그리스도 예수 안에 있는 속량으로 말미암아 하나님의 은혜로 값없이 의롭다 하심을 얻은 자 되었느니라.

롬 16:17 형제들아, 내가 너희를 권하노니 너희가 배운 교훈을 거슬러 분쟁을 일으키거나 거치게 하는 자들을 살피고 그들에게서 떠나라.

시 103:1-5 내 영혼아, 여호와를 송축하라. 내 속에 있는 것들아, 다 그의 거룩한 이름을 송축하라. 내 영혼아, 여호와를 송축하며 그의 모든 은택을 잊지 말지어다. 그가 네 모든 죄악을 사하시며 네 모든 병을 고치시며 네 생명을 파멸에서 속량하시고 인자와 긍휼로 관을 씌우시며 좋은 것으로 네 소원을 만족하게 하사 네 청춘을 독수리 같이 새롭게 하시는도다.

고후 5:19 하나님께서 그리스도 안에 계시사 세상을 자기와 화목하게 하시며 그들의 죄를 그들에게 돌리지 아니하시고 화목하게 하는 말씀을 우리에게 부탁하셨느니라.

엡 1:22-23 또 만물을 그의 발 아래에 복종하게 하시고 그를 만물 위에 교회의 머리로 삼으셨느니라. 교회는 그의 몸이니 만물 안에서 만물을 충만하게 하시는 이의 충만함이니라.

『대교리문답』. 222-223. "교회는 이것을 분명히 해야 합니다. 바로 이곳에서 우리의 양심은 죄 용서의 말씀과 표징을 통해 매일 위로받고 회복되어야 합니다.……그러므로 교회에는 두 가지 의미가 내포되어 있습니다. 첫째는 하나님이 우리를 용서하신다는 것이며, 둘째는 우리가 서로 용서하며 짐을 함께 나누고 돕는다는 것입니다. 그러므로 죄 용서가 없는 곳이라면 어디나 '교회 밖'입니다. 복음이 있다면 죄 용서가 있다는 뜻이고, 복음이 없다면 죄 용서가 없다는 뜻입니다. 그러므로 죄 용서가 없는 곳은 교회가 아닙니다. 그런 곳에는 진정한 거룩함도 없습니다."

72 '거룩한 공회와, 성도가 서로 교통하는 것'은 무슨 뜻입니까?

거룩한 그리스도의 교회 공동체라는 뜻입니다. 이곳이 거룩한 이유는, 그리스도에 대한 신앙으로 사는 이들이 하나님과 이웃을 사랑하며 선한 모습으로 어울려 살기 때문입니다. 이런 거룩한 교회는 하나의 지엽적인 단위가 아니라 세계의 모든 교회, 과거와 현재와 미래를 관통하는 모든 교회를 통칭하는 용어입니다. 그리스도는 이렇게 시간과 공간을 뛰어넘어 모든 신자를 교회라는 한 몸으로 연결하고 묶습니다.

엡 1:22-23 또 만물을 그의 발 아래에 복종하게 하시고 그를 만물 위에 교회의 머리로 삼으셨느니라. 교회는 그의 몸이니 만물 안에서 만물을 충만하게 하시는 이의 충만함이니라.

마 22:14 청함을 받은 자는 많되 택함을 입은 자는 적으니라.

딤후 2:19 그러나 하나님의 견고한 터는 섰으니 인침이 있어 일렀으되 주께서 자기 백성을 아신다 하며 또 주의 이름을 부르는 자마다 불의에서 떠날지어다 하였느니라.

벧전 2:9 너희는 택하신 족속이요 왕 같은 제사장들이요 거룩한 나라요 그의 소유가 된 백성이니 이는 너희를 어두운 데서 불러 내어 그의 기이한 빛에 들어가게 하신 이의 아름다운 덕을 선포하게 하려 하심이라.

고전 3:16-17 너희는 너희가 하나님의 성전인 것과 하나님의 성령이 너희 안에 계시는 것을 알지 못하느냐. 누구든지 하나님의 성전을 더럽히면 하나님이 그 사람을 멸하시리라. 하나님의 성전은 거룩하니 너희도 그러하니라

롬 12:4-5 우리가 한 몸에 많은 지체를 가졌으나 모든 지체가 같은 기능을 가진 것이 아니니 이와 같이 우리 많은 사람이 그리스도 안에서 한 몸이 되어 서로 지체가 되었느니라.

골 1:18 그는 몸인 교회의 머리시라 그가 근본이시요 죽은 자들 가운데서 먼저 나신 이시니 이는 친히 만물의 으뜸이 되려 하심이요.

우리의 죄를 기꺼이 용서해 주겠다는 것은 성경이 보증하는 하나님의 약속입니다.

시 103:1-5 내 영혼아, 여호와를 송축하라. 내 속에 있는 것들아, 다 그의 거룩한 이름을 송축하라. 내 영혼아, 여호와를 송축하며 그의 모든 은택을 잊지 말지어다. 그가 네 모든 죄악을 사하시며 네 모든 병을 고치시며 네 생명을 파멸에서 속량하시고 인자와 긍휼로 관을 씌우시며 좋은 것으로 네 소원을 만족하게 하사 네 청춘을 독수리같이 새롭게 하시는도다.

고후 5:19 곧 하나님께서 그리스도 안에 계시사 세상을 자기와 화목하게 하시며 그들의 죄를 그들에게 돌리지 아니하시고 화목하게 하는 말씀을 우리에게 부탁하셨느니라.

고후 5:21 하나님이 죄를 알지도 못하신 이를 우리를 대신하여 죄로 삼으신 것은 우리로 하여금 그 안에서 하나님의 의가 되게 하려 하심이라.

롬 3:22-24 곧 예수 그리스도를 믿음으로 말미암아 모든 믿는 자에게 미치는 하나님의 의니 차별이 없느니라. 모든 사람이 죄를 범하였으매 하나님의 영광에 이르지 못하더니 그리스도 예수 안에 있는 속량으로 말미암아 하나님의 은혜로 값없이 의롭다 하심을 얻은 자 되었느니라.

롬 4:5 일을 아니할지라도 경건하지 아니한 자를 의롭다 하시는 이를 믿는 자에게는 그의 믿음을 의로 여기시나니.

엡 1:7 우리는 그리스도 안에서 그의 은혜의 풍성함을 따라 그의 피로 말미암아 속량 곧 죄 사함을 받았느니라.

74 어떤 식으로 죄 용서를 받을 수 있습니까?

복음을 믿으면 됩니다. 이 복음은 확실합니다.

롬 1:17 복음에는 하나님의 의가 나타나서 믿음으로 믿음에 이르게 하나니 기록된 바 오직 의인은 믿음으로 말미암아 살리라 함과 같으니라.

롬 3:28 그러므로 사람이 의롭다 하심을 얻는 것은 율법의 행위에 있지 않고 믿음으로 되는 줄 우리가 인정하노라.

롬 8:38-39 내가 확신하노니 사망이나 생명이나 천사들이나 권세자들이나 현재 일이나 장래 일이나 능력이나 높음이나 깊음이나 다른 어떤 피조물이라도 우리를 우리 주 그리스도 예수 안에 있는 하나님의 사랑에서 끊을 수 없으리라.

창 15:6 아브람이 여호와를 믿으니 여호와께서 이를 그의 의로 여기시고.

딤후 1:11-12 내가 이 복음을 위하여 선포자와 사도와 교사로 세우심을 입었노라. 이로 말미암아 내가 또 이 고난을 받되 부끄러워하지 아니함은 내가 믿는 자를 내가 알고 또한 내가 의탁한 것을 그날까지 그가 능히 지키실 줄을 확신함이라.

마 9:2 작은 자야, 안심하라. 네 죄 사함을 받았느니라.

75 '몸이 다시 사는 것을 믿는다'는 것은 무슨 뜻입니까?

성경에 따르면, 종말의 때에 하나님은 나와 모든 죽은 자들을 그분의 능력으로 일으켜 세우시는데, 그때 우리의 영혼만 소환하는 게 아니라 우리의 몸 그대로 부활시키십니다.

요 5:28-29 이를 놀랍게 여기지 말라. 무덤 속에 있는 자가 다 그의 음성을 들을 때가 오나니 선한 일을 행한 자는 생명의 부활로, 악한 일을 행한 자는 심판의 부활로 나오리라.

욥 19:25-29 내가 알기에는 나의 대속자가 살아 계시니 마침내 그가 땅 위에 서실 것이라. 내 가죽이 벗김을 당한 뒤에도 내가 육체 밖에 서 하나님을 보리라. 내가 그를 보리니 내 눈으로 그를 보기를 낯선 사람처럼 하지 않을 것이라. 내 마음이 초조하구나. 너희가 만일 이르기를 우리가 그를 어떻게 칠까 하며 또 이르기를 일의 뿌리가 그에게 있다 할진대 너희는 칼을 두려워할지니라. 분노는 칼의 형벌을 부르나니 너희가 심판장이 있는 줄을 알게 되리라.

76 그때 우리는 어떤 모습으로 부활합니까?

그리스도를 믿는 자들은 부활하신 그리스도의 모습 그대로 빛나고 영광스러운 모습으로 부활하게 됩니다.

빌 3:20-21 그러나 우리의 시민권은 하늘에 있는지라. 거기로부터 구원하는 자 곧 주 예수 그리스도를 기다리노니 그는 만물을 자기에게 복종하게 하실 수 있는 자의 역사로 우리의 낮은 몸을 자기 영광의 몸의 형체와 같이 변하게 하시리라.

고전 15:42-44 죽은 자의 부활도 그와 같으니 썩을 것으로 심고 썩지 아니할 것으로 다시 살아나며 욕된 것으로 심고 영광스러운 것으로 다시 살아나며 약한 것으로 심고 강한 것으로 다시 살아나며 육의 몸으로 심고 신령한 몸으로 다시 살아나나니 육의 몸이 있은즉 또

영의 몸도 있느니라.

고전 15:51-52 보라. 내가 너희에게 비밀을 말하노니 우리가 다 잠잘 것이 아니요 마지막 나팔에 순식간에 홀연히 다 변화되리니 나팔 소리가 나매 죽은 자들이 썩지 아니할 것으로 다시 살아나고 우리도 변화되리라.

77 모든 사람이 부활한 뒤 어떻게 됩니까?

그리스도 앞에서 최후의 심판을 받게 됩니다. 그곳에서 영원한 생명과 사망이 결정됩니다. 그리고 그 후에 우리에게는 새 하늘과 새 땅이 시작됩니다.

고후 5:10 이는 우리가 다 반드시 그리스도의 심판대 앞에 나타나게 되어 각각 선악간에 그 몸으로 행한 것을 따라 받으려 함이라.

요 5:29 선한 일을 행한 자는 생명의 부활로, 악한 일을 행한 자는 심판의 부활로 나오리라.

벧후 3:10-13 그러나 주의 날이 도둑 같이 오리니 그날에는 하늘이 큰소리로 떠나가고 물질이 뜨거운 불에 풀어지고 땅과 그중에 있는 모든 일이 드러나리로다. 이 모든 것이 이렇게 풀어지리니 너희가 어떠한 사람이 되어야 마땅하냐. 거룩한 행실과 경건함으로 하나님의 날이 임하기를 바라보고 간절히 사모하라. 그날에 하늘이 불에 타서 풀어지고 물질이 뜨거운 불에 녹아지려니와 우리는 그의 약속대로 의가 있는 곳인 새 하늘과 새 땅을 바라보도다.

눅 16:22-25 이에 그 거지가 죽어 천사들에게 받들려 아브라함의 품에 들어가고 부자도 죽어 장사되매 그가 음부에서 고통중에 눈을 들어 멀리 아브라함과 그의 품에 있는 나사로를 보고 불러 이르되 아버지 아브라함이여, 나를 긍휼히 여기사 나사로를 보내어 그 손가락 끝에 물을 찍어 내 혀를 서늘하게 하소서. 내가 이 불꽃 가운데서 괴로워하나이다. 아브라함이 이르되 얘, 너는 살았을 때에 좋은 것을 받았고 나사로는 고난을 받았으니 이것을 기억하라. 이제 그는 여기서 위로를 받고 너는 괴로움을 받느니라.

마 7:13-14 좁은 문으로 들어가라. 멸망으로 인도하는 문은 크고 그 길이 넓어 그리로 들어가는 자가 많고 생명으로 인도하는 문은 좁고 길이 협착하여 찾는 자가 적음이라.

참조. 마 25:31-46, 눅 16:19-31.

78 '영원한 사망'이란 무엇입니까?

종말의 때에 악인에게 임하는 하나님의 최종 판결입니다. 하나님은 악한 자를 영원한 지옥으로 내치십니다. 그곳은 고통과 아픔이 끊이지 않는 곳입니다.

살후 1:7-9 환난을 받는 너희에게는 우리와 함께 안식으로 갚으시는 것이 하나님의 공의시니 주 예수께서 자기의 능력의 천사들과 함께 하늘로부터 불꽃 가운데에 나타나실 때에 하나님을 모르는 자들과 우리 주 예수의 복음에 복종하지 않는 자들에게 형벌을 내리시리니 이런 자들은 주의 얼굴과 그의 힘의 영광을 떠나 영원한 멸망의 형벌을 받으리로다.

막 9:43 만일 네 손이 너를 범죄하게 하거든 찍어버리라. 장애인으로 영생에 들어가는 것이 두 손을 가지고 지옥 곧 꺼지지 않는 불에 들어가는 것보다 나으니라.

'영원한 생명'이란 무엇입니까?

'영생'이라고도 하는데, 이는 종말의 때에 믿는 자에게 임하는 하나님의 최종 판결입니다. 하나님은 그분의 뜻을 믿고 살아간 성도들을 영원하고 완전한 쉼과 사랑과 기쁨이 가득한 장소로 인도하십니다. 그곳은 구원받은 하나님의 자녀들에게 예비된 낙원입니다.

시 42:2-3 내 영혼이 하나님 곧 살아 계시는 하나님을 갈망하나니 내가 어느 때에 나아가서 하나님의 얼굴을 뵈올까. 사람들이 종일 내게 하는 말이 네 하나님이 어디 있느뇨 하오니 내 눈물이 주야로 내 음식이 되었도다.

시 16:11 주께서 생명의 길을 내게 보이시리니 주의 앞에는 충만한 기쁨이 있고 주의 오른쪽에는 영원한 즐거움이 있나이다.

요일 3:2 사랑하는 자들아, 우리가 지금은 하나님의 자녀라 장래에 어떻게 될지는 아직 나타나지 아니하였으나 그가 나타나시면 우리가 그와 같을 줄을 아는 것은 그의 참모습 그대로 볼 것이라.

롬 8:18 생각하건대 현재의 고난은 장차 우리에게 나타날 영광과 비교할 수 없도다.

계 7:16-17 그들이 다시는 주리지도 아니하며 목마르지도 아니하고 해나 아무 뜨거운 기운에 상하지도 아니하리니 이는 보좌 가운데에 계신 어린양이 그들의 목자가 되사 생명수 샘으로 인도하시고 하나님께서 그들의 눈에서 모든 눈물을 씻어 주실 것임이라.

계 14:13 또 내가 들으니 하늘에서 음성이 나서 이르되 기록하라. 지금 이후로 주 안에서 죽는 자들은 복이 있도다 하시매 성령이 이르시되 그러하다. 그들이 수고를 그치고 쉬리니 이는 그들의 행한 일이 따름이라 하시더라.

마 24:13 끝까지 견디는 자는 구원을 얻으리라.

요 17:24 아버지여, 내게 주신 자도 나 있는 곳에 나와 함께 있어 아버지께서 창세 전부터 나를 사랑하시므로 내게 주신 나의 영광을 그들로 보게 하시기를 원하옵나이다.

요 3:16 하나님이 세상을 이처럼 사랑하사 독생자를 주셨으니 이는 그를 믿는 자마다 멸망하지 않고 영생을 얻게 하심이라.

요 3:36 아들을 믿는 자에게는 영생이 있고 아들에게 순종하지 아니하는 자는 영생을 보지 못하고 도리어 하나님의 진노가 그 위에 머물러 있느니라.

요 10:27-28 내 양은 내 음성을 들으며 나는 그들을 알며 그들은 나를 따르느니라. 내가 그들에게 영생을 주노니 영원히 멸망하지 아니할 것이요 또 그들을 내 손에서 빼앗을 자가 없느니라.

80 제3조에 대한 답변에서 '이것은 확실한 진리입니다'라고 말하며 끝낸 이유가 무엇입니까?

이렇게 고백한 것은 모두 성경에 기록된 말씀이 영원히 변치 않는 약속이기 때문입니다. 말씀 가운데 임하시는 성령께서는 나를 사로잡으시고 그분의 은사를 통해 믿음을 강하게 붙들어 주십니다. 그리고 그리스도의 몸된 교회 공동체에서 선포되는 복음을 통해 내 죄가 용서받았다는 것을 알게 하십니다. 이것으로 나는 시련 가운데 있으나 위로를 받게 되고, 시련을 이길 용기를 얻게 됩니다. 이로써 성령께서 나에게 영원한 생명에 대한 하나님 나라의 소망을 키우도록 도와주십니다. 그 때문에 나는 이 진리를 확신하며 살 것입니다.

롬 8:38-39 내가 확신하노니 사망이나 생명이나 천사들이나 권세자들이나 현재 일이나 장래 일이나 능력이나 높음이나 깊음이나 다른 어떤 피조물이라도 우리를 우리 주 그리스도 예수 안에 있는 하나님의 사랑에서 끊을 수 없으리라.

81 지금까지 배운 모든 신앙의 조항을 어떤 말로 마무리합니까?

아멘.

82 왜 '아멘'으로 끝납니까?

'아멘'은 히브리 용어로, '뿌리가 깊다'는 어원에서 나온 말입니다. 그래서 아멘이라고 말하는 것은 어떤 진술이나 주장을 시인하고 수용하며 보증한다는 표식이고, 동시에 '진실로' 또는 '그렇게 되는 것을 굳게 믿는다'는 뜻입니다. 나는 '아멘'이라는 말로 나의 믿음을 고백합니다. 이는 마치 왕이 편지를 보낼 때 봉투를 봉인하고 그 위에 도장을 찍는 것과 같아서, 내 입으로 '아멘'이라고 말할 때 내가 고백한 모든 신앙의 진술을 죽기까지 지키며 살 것을 하나님 앞에서 진심으로 다짐합니다.

히 13:8-9 예수 그리스도는 어제나 오늘이나 영원토록 동일하시니라. 여러 가지 다른 교훈에 끌리지 말라. 마음은 은혜로써 굳게 함이 아름답고 음식으로써 할 것이 아니니 음식으로 말미암아 행한 자는 유익을 얻지 못하였느니라.

참조.「대교리문답」. 228-229.

3. 주기도

엎드려 기도하기[11]

우리의 모든 것을 선으로 인도하시는 생명의 하나님, 우리를 믿음 가운데 새롭게 하여 주심을 감사드립니다. 이 시간 우리의 몸과 영혼, 우리의 모든 소유를 주님께 맡기오니, 우리를 더욱 강건하게 하셔서 주님을 향한 믿음과 이웃을 향한 사랑 가운데 살게 하소서. 우리 주 예수 그리스도의 이름으로 기도합니다. 아멘.

---

11 구약에서 여호수아가 여리고 정복을 앞두고 있을 때, 하나님의 군대 대장을 만나는 장면에서 쓰인 단어가 '땅에 대고 엎드려 절하다'이다(수 5:14). 이 장면은 모세가 떨기나무에서 하나님을 만난 장면을 떠올리게 하는 대목이다. 여호수아는 하나님의 권능 앞에 꿇어 엎드린다. 신약으로 넘어오면 마태복음 26:39과 마가복음 14:35에서도 이와 같은 모습을 찾아볼 수 있는데, 바로 '땅에 엎드린 예수님'이다. 수난을 앞둔 예수님은 자신의 운명을 받아들이며 모든 생명을 하늘 아버지께 맡기며 기도하신다.

묻고 답하기

1 '기도'란 무엇입니까?

기도는 하나님과의 진심어린 대화입니다. 또한 하나님의 명령인 동시에 우리의 의무입니다. 믿음 가운데 드리는 기도에는 영적인 복과 물질의 복이 약속되어 있습니다.

시 19:14 나의 반석이시요 나의 구속자이신 여호와여, 내 입의 말과 마음의 묵상이 주님 앞에 열납되기를 원하나이다.

빌 4:6 아무것도 염려하지 말고 다만 모든 일에 기도와 간구로, 너희 구할 것을 감사함으로 하나님께 아뢰라.

참조. 시 93, 96편.

2 '하나님의 명령인 동시에 의무'라는 것은 무슨 뜻입니까?

십계명에서 '너는 네 하나님 여호와의 이름을 망령되게 부르지 말라'는 계명은, 거룩한 그분의 이름을 찬양하고 위

이와 같이 우리가 엎드려 기도하는 것은 우리의 운명을 그리스도께서 보여주신 대로 받아들이며, 그분께 생명을 맡기는 몸짓이며 사투다. 개신교 전통에서 이 기도 자세가 거의 사라졌지만, 가톨릭 전통에서는 아직도 이 기도를 적용하는 두 가지 전례가 남아 있다. 그리스도의 고난이 우리의 고난이며 우리의 책임이라는 고백으로 뼈저리게 통회하며 '모든 것을 하나님 손에 맡긴다'는 표현을 성금요일 전례 가운데 행한다. 또 다른 하나는 사제 서품 때다. 주교품 역시 마찬가지로 엎드려 받는데, 이것은 순복과 순명의 표현이다. 물론 목사로 세움받는다는 것은 가톨릭의 서품과는 신학적으로 전혀 다른 의미이기 때문에 엎드린 자세로 안수받지 않는다. 그럼에도 불구하고 땅에 엎드린 기도의 자세를 통해 배울 수 있는 것은, 우리에게 맡겨진 운명과 소명을 어떤 식으로 받아들이고 살아야 하는지에 대한 진지한 삶의 태도다.

급한 모든 순간에 그분의 이름을 부르며 기도하라는 명령입니다. 그분의 이름을 부르는 것, 그것이 곧 기도입니다.

시 50:15 환난 날에 나를 부르라. 내가 너를 건지리니 네가 나를 영화롭게 하리로다.

사 65:24 그들이 부르기 전에 내가 응답하겠고 그들이 말을 마치기 전에 내가 들을 것이며.

마 7:7-8 구하라. 그리하면 너희에게 주실 것이요. 찾으라. 그리하면 찾아낼 것이요. 문을 두드리라. 그리하면 너희에게 열릴 것이니. 구하는 이마다 받을 것이요 찾는 이는 찾아낼 것이요 두드리는 이에게는 열릴 것이니라.

막 11:24 그러므로 내가 너희에게 말하노니 무엇이든지 기도하고 구하는 것은 받은 줄로 믿으라. 그리하면 너희에게 그대로 되리라.

참조. 마 8:5-13, 『대교리문답』, 233-246.

3 기도에 '영적인 복이 약속되어 있다'는 것은 무슨 뜻입니까?

'영적인 복이 약속되어 있다'는 것은 우리 영혼이 필요로 하는 모든 것을 하나님께서 채워 주신다는 뜻입니다. 즉 피조물을 향한 성부 하나님의 사랑, 죄를 용서하시는 성자 그리스도의 칭의, 그리고 우리를 깨닫게 하고 치료하며 도우시는 성령의 거룩한 인도가 기도 가운데 임한다는 뜻입니다. 신실하신 하나님은 의심 없이 기도하는 자에게 이 모든 것을 풍성히 채워 주십니다.

눅 11:13 너희가 악할지라도 좋은 것을 자식에게 줄 줄 알거든 하물며 너희 하늘 아버지께서 구하는 자에게 성령을 주시지 않겠느냐.

시 50:15 환난 날에 나를 부르라. 내가 너를 건지리니 네가 나를 영화롭게 하리로다.

마 8:2 주여 원하시면 저를 깨끗하게 하실 수 있나이다.

신 7:9 그런즉 너는 알라. 오직 네 하나님 여호와는 하나님이시요 신실하신 하나님이시라. 그를 사랑하고 그의 계명을 지키는 자에게는 천 대까지 그의 언약을 이행하시며 인애를 베푸시되.

4 '물질의 복'이란 무엇입니까?

물질의 복은 살아가는 데 필요한 모든 것을 뜻합니다. 하나님은 자신의 자녀가 부족함 없이 살아가기를 원하십니다. 하지만 떼부자가 되어서 혼자 떵떵거리며 살라고 그런 복을 주시는 게 아닙니다. 물질의 복을 주시는 이유는, 언제나 우리 삶 속에서 그분의 이름이 드높아지기를 바라기 때문입니다. 이것은 주기도 네 번째 간구에서 다루는 내용입니다.

막 11:24 그러므로 내가 너희에게 말하노니 무엇이든지 기도하고 구하는 것은 받은 줄로 믿으라. 그리하면 너희에게 그대로 되리라.

요일 5:14 그를 향하여 우리가 가진 바 담대함이 이것이니 그의 뜻대로 무엇을 구하면 들으심이라.

마 26:39 아버지여, 만일 할 만하시거든 이 잔을 내게서 지나가게 하옵소서. 그러나 나의 원대로 마시옵고 아버지의 원대로 하옵소서.

5 언제 어디서 기도해야 합니까?

항상 기도해야 합니다. 특히 식사 시간과 잠자리에 들고 일어날 때는 꼭 해야 합니다. 그리고 기쁠 때나 슬플 때, 특별한 일이 있을 때도 역시 기도해야 합니다. 기도의 장소는 교회든 집이든 직장이든 길을 지날 때든 가릴 필요 없습니다. 모든 곳이 기도의 장소입니다.

시 63:6-7 내가 나의 침상에서 주를 기억하며 새벽에 주의 말씀을 작은 소리로 읊조릴 때에 하오리니 주는 나의 도움이 되셨음이라. 내가 주의 날개 그늘에서 즐겁게 부르리이다.

마 18:20 두세 사람이 내 이름으로 모인 곳에는 나도 그들 중에 있느니라.

마 6:6 너는 기도할 때에 네 골방에 들어가 문을 닫고 은밀한 중에 계신 네 아버지께 기도하라. 은밀한 중에 보시는 네 아버지께서 갚으시리라.

살전 5:17 쉬지 말고 기도하라.

『대교리문답』 235-236. "이제껏 교회와 여타 다른 곳에서 기도모임을 만들어 큰소리로 외치고 같은 말을 반복하며 낭송하는 것을 '기도'라고 여겼습니다. 그러나 실제로 이런 것은 기도가 아닙니다. 왜냐하면 정확히 말해, 그런 외적인 형식들은 어린아이나 학생, 아무것도 모르는 일반인의 노래 연습이나 읽기 연습 같은 것이나 마찬가지이기 때문입니다. 이런 것은 진정한 의미에서 기도가 아닙니다. 기도한다는 것은 제2계명에 언급되었듯이, '모든 위급 시에 하나님을 부르는 것'입니다. 하나님은 우리에게서 이런 기도가 터져 나오기를 바라십니다. 기도는 내 취향에 달린 것이 아닙니다. 그리스도인이라면 기도는 우리 스스로 결단하고 실행해야 할 당위인 동시에 무조건 해야 할 필연적 의무입니다."

6   누구를 위해 기도해야 합니까?

우리 자신과 이웃, 정치·경제·사회, 그리고 이 땅의 모든 피조세계와 자연환경을 위해 기도해야 합니다. 심지어 원수를 위해서도 기도해야 합니다.

딤전 2:1-2 그러므로 내가 첫째로 권하노니 모든 사람을 위하여 간구와 기도와 도고와 감사를 하되 임금들과 높은 지위에 있는 모든 사람을 위하여 하라.

마 5:44 나는 너희에게 이르노니 너희 원수를 사랑하며 너희를 박해하는 자를 위하여 기도하라.

7   어떤 말로 기도해야 합니까?

보통 기도 마지막에 '우리 주 예수 그리스도의 이름으로 기도합니다. 아멘'이라는 말을 붙이는 것으로 알고 있지만, 실은 그 구절 자체가 중요한 것은 아닙니다. 속에 있는 마음을 외마디 탄식으로 기도해도 되고, 그 마음을 성경구절이나 시편을 엮어서 기도해도 되고, 찬송가나 기도 책을 들고 기도해도 됩니다. 기도에서 어떤 말을 할지, 길게 해야 할지 혹은 짧게 해야 할지의 문제 역시 아무런 문제가 되지 않습니다. 다만, 그리스도를 신뢰하는 믿음으로 거짓 없이 진심으로 하는 게 중요합니다.

약 1:5-7 너희 중에 누구든지 지혜가 부족하거든 모든 사람에게 후히 주시고 꾸짖지 아니하시는 하나님께 구하라. 그리하면 주시리라. 오직 믿음으로 구하고 조금도 의심하지 말라. 의심하는 자는 마치 바람에 밀려 요동하는 바다 물결 같으니 이런 사람은 무엇이든지 주께 얻기를 생각하지 말라.

요 16:23 그날에는 너희가 아무것도 내게 묻지 아니하리라. 내가 진실로 진실로 너희에게 이르노니 너희가 무엇이든지 아버지께 구하는 것을 내 이름으로 주시리라.

마 6:5 너희는 기도할 때에 외식하는 자와 같이 하지 말라. 그들은 사람에게 보이려고 회당과 큰 거리 어귀에 서서 기도하기를 좋아하느니라. 내가 진실로 너희에게 이르노니 그들은 자기 상을 이미 받았느니라.

마 6:7 기도할 때에 이방인과 같이 중언부언하지 말라. 그들은 말을 많이 하여야 들으실 줄 생각하느니라.

마 21:22 너희가 기도할 때에 무엇이든지 믿고 구하는 것은 다 받으리라.

8 모든 기도 중에 어떤 기도가 가장 뛰어난 기도입니까?

주님께서 제자들에게 가르쳐 주신 기도입니다(주기도).

참조. 마 6:9-13, 눅 11:2-4.

9 주기도는 어떻게 구성되어 있습니까?

시작하는 말과 일곱 개의 간구, 그리고 마감하는 말로 이루어져 있습니다.

10 주기도의 시작하는 말은 무엇입니까?

"하늘에 계신 우리 아버지여,"

11 이것은 무슨 뜻입니까?

이 말씀을 통해 하나님은 자신이 우리의 참 아버지이시고 우리는 그분의 참 자녀임을 가르치십니다. 그리하여 사랑하는 아이가 사랑하는 아버지에게 하듯, 담대함과 확신을 가지고 기도하게 하십니다.

요일 3:1 보라. 아버지께서 어떠한 사랑을 우리에게 베푸사 하나님의 자녀라 일컬음을 받게 하셨는가. 우리가 그러하도다. 그러므로 세상이 우리를 알지 못함은 그를 알지 못함이라.

롬 8:14 무릇 하나님의 영으로 인도함을 받는 사람은 곧 하나님의 아들이라.

12 '하늘에 계신 우리 아버지'는 누구이십니까?

부모가 자녀를 사랑하듯 대하시는 삼위일체 하나님이십니다.

사 63:16 주는 우리 아버지시라. 아브라함은 우리를 모르고 이스라엘은 우리를 인정하지 아니할지라도 여호와여, 주는 우리의 아버지시라. 옛날부터 주의 이름을 우리의 구속자라 하셨거늘.

갈 4:6 너희가 아들이므로 하나님이 그 아들의 영을 우리 마음 가운데 보내사 아빠 아버지라 부르게 하셨느니라.

13   왜 '우리 아버지'라고 부릅니까?

그리스도인이라면 모두가 같은 하나님의 자녀입니다. 그렇게 우리가 가족이라면, 각자 자신을 위해 기도할 뿐만 아니라 서로를 위해 기도할 책임이 있습니다.

약 5:16 그러므로 너희 죄를 서로 고백하며 병이 낫기를 위하여 서로 기도하라. 의인의 간구는 역사하는 힘이 큼이니라.

갈 3:26 너희가 다 믿음으로 말미암아 그리스도 예수 안에서 하나님의 아들이 되었으니.

14   그러면 그리스도인들을 위한 기도만 해야 합니까?

아니요, 그렇지 않습니다. 우리의 기도는 모든 사람, 모든 세상을 향해 열려 있어야 합니다.

딤전 2:1-2 그러므로 내가 첫째로 권하노니 모든 사람을 위하여 간구와 기도와 도고와 감사를 하되 임금들과 높은 지위에 있는 모든 사람을 위하여 하라. 이는 우리가 모든 경건과 단정함으로 고요하고 평안한 생활을 하려 함이라.

엡 4:6 하나님도 한 분이시니 곧 만유의 아버지시라. 만유 위에 계시고 만유를 통일하시고 만유 가운데 계시도다.

『대교리문답』, 248. "우리의 관계 속에서, 그리고 온 세계 만물 한가운데서 그분의 이름이 거룩히 되도록 해야 합니다."

15 굳이 '하늘에 계신 우리 아버지'라고 해야 할 이유가 있습니까?

하나님은 모든 것의 주가 되신다는 말씀, 또한 우리가 구하고 생각하는 것보다 훨씬 더한 것까지 행할 수 있다는 말씀을 기억나게 합니다. 이로써 우리가 어디에 있든지 위로하고 살 힘을 더해 줍니다.

시 103:19 여호와께서 그의 보좌를 하늘에 세우시고 그의 왕권으로 만유를 다스리시도다.

사 57:15 지극히 존귀하며 영원히 거하시며 거룩하다 이름하는 이가 이와 같이 말씀하시되 내가 높고 거룩한 곳에 있으며 또한 통회하고 마음이 겸손한 자와 함께 있나니 이는 겸손한 자의 영을 소생시키며 통회하는 자의 마음을 소생시키려 함이라.

엡 3:20-21 우리 가운데서 역사하시는 능력대로 우리가 구하거나 생각하는 모든 것에 더 넘치도록 능히 하실 이에게 교회 안에서와 그리스도 예수 안에서 영광이 대대로 영원무궁하기를 원하노라. 아멘.

제1기원

"이름이 거룩히 여김을 받으시오며,"

이것은 무슨 뜻입니까?

하나님의 이름은 그 자체로 거룩합니다. 그러나 우
리는 이 간구를 통해 그분의 이름이 우리 가운데서
거룩하게 되기를 기도합니다.

어떻게 하나님의 이름이 우리 가운데 거룩하게 됩니까?

하나님의 말씀이 순수하고 진실하게 가르쳐지고,
하나님의 자녀인 우리가 그 말씀대로 거룩하게 살
아갈 때 그분의 이름이 거룩하게 됩니다. "하늘에
계신 사랑의 아버지, 이 일을 할 수 있도록 우리를
도우소서! 그러나 누구든지 그 말씀을 다르게 전하
고 말씀대로 살아가지 않는다면, 그가 바로 우리 가
운데서 하나님의 이름을 더럽히는 자입니다. 하늘
에 계신 아버지, 이런 일에서 우리를 지켜 주소서!"

16 '하나님의 이름이 거룩히 여김을 받게 해달라'고 기도하는 이유
는 무엇입니까?

하나님의 이름은 그 자체로 거룩합니다. 그럼에도 불구하
고 그렇게 기도하는 이유는 우리 가운데 그분의 이름이 드
높아지기를 바라기 때문입니다.

시 99:3 주의 크고 두려운 이름을 찬송할지니 그는 거룩하심이로다.

17 그렇다면 우리 가운데 하나님의 이름을 거룩하게 드높이는 방법
은 무엇입니까?

유일하고 참된 하나님의 말씀을 바르게 가르치고 경청하
며 성례전을 함께 나눌 때, 그리고 그 말씀을 가슴에 새겨
일상에서 실천하며 살 때 그분의 이름이 거룩하게 됩니다.

시 100:3-4 여호와가 우리 하나님이신 줄 너희는 알지어다. 그는 우
리를 지으신 이요 우리는 그의 것이니 그의 백성이요 그의 기르시는
양이로다. 감사함으로 그의 문에 들어가며 찬송함으로 그의 궁정에
들어가서 그에게 감사하며 그의 이름을 송축할지어다.

렘 23:28 여호와의 말씀이니라. 꿈을 꾼 선지자는 꿈을 말할 것이요
내 말을 받은 자는 성실함으로 내 말을 말할 것이라. 겨가 어찌 알곡
과 같겠느냐.

마 5:16 이같이 너희 빛이 사람 앞에 비치게 하여 그들로 너희 착한
행실을 보고 하늘에 계신 너희 아버지께 영광을 돌리게 하라.

요 17:6 세상 중에서 내게 주신 사람들에게 내가 아버지의 이름을 나

타내었나이다. 그들은 아버지의 것이었는데 내게 주셨으며 그들은 아버지의 말씀을 지키었나이다.

요 17:17 그들을 진리로 거룩하게 하옵소서. 아버지의 말씀은 진리니이다.

벧전 2:9 너희는 택하신 족속이요 왕 같은 제사장들이요 거룩한 나라요 그의 소유가 된 백성이니 이는 너희를 어두운 데서 불러 내어 그의 기이한 빛에 들어가게 하신 이의 아름다운 덕을 선포하게 하려 하심이라.

『대교리문답』 251. "주기도 첫 번째 구절은 우리에게 명확히 가르칩니다. (그분의 이름을) 거룩히 여기라는 것입니다. 이것은 우리 입의 말과 행동으로 높여 찬양하고 존경을 드리라는 말과 같습니다."

18 우리 힘으로 그렇게 할 수 있습니까?

아니요, 그렇지 않습니다. 그래서 우리는 하늘에 계신 아버지께 우리를 도와 달라고 기도합니다.

19 하나님의 이름이 더럽혀지는 경우는 어떤 때입니까?

하나님의 말씀을 왜곡하여 가르칠 때, 그리고 말씀을 귓등으로 흘려보내고 실천하지 않을 때입니다. 우리는 그렇게 말과 행실로 하나님의 이름을 더럽히며 삽니다.

시 119:37 내 눈을 돌이켜 허탄한 것을 보지 말게 하시고 주의 길에서 나를 살아나게 하소서.

겔 22:26 그 제사장들은 내 율법을 범하였으며 나의 성물을 더럽혔으며 거룩함과 속된 것을 구별하지 아니하였으며 부정함과 정한 것을 사람이 구별하게 하지 아니하였으며 그의 눈을 가리어 나의 안식일을 보지 아니하였으므로 내가 그들 가운데에서 더럽힘을 받았느니라.

롬 2:23-24 율법을 자랑하는 네가 율법을 범함으로 하나님을 욕되게 하느냐. 기록된 바와 같이 하나님의 이름이 너희 때문에 이방인 중에서 모독을 받는도다.

『대교리문답』 250. "그분의 이름을 맹세와 저주, 거짓말과 속임수 같은 악한 일에 사용하지 말고, 하나님을 향한 찬송과 영광에 사용하라는 것입니다. 누구든지 하나님의 이름을 덕스럽지 않게 사용하는 자는 그분의 이름을 모독하는 것입니다."

『대교리문답』 251-252. "세상을 둘러보십시오. 온통 열광적이고 거짓된 교리로 가득합니다. 아무것이나 거룩한 이름으로 치장하고, 그 이름을 구실 삼아 악마의 교리로 이끌어 갑니다. 그 때문에 우리는 끊임없이 하나님께 부르짖고 거짓 설교와 바르지 못한 믿음에 대항해야 합니다."

20 우리 힘으로 이 모든 것을 지킬 수 있습니까?

아니요, 그렇지 않습니다. 그러므로 우리는 하늘 아버지께 기도해야 합니다.

『대교리문답』 252. "하나님의 말씀을 소유하고도 감사하지 않고, 말씀대로 살지도 않는 우리 자신을 위해 기도해야 합니다. 당신이 진심으로 간구하면 하나님은 반드시 기뻐하십니다. 그 이유는 하나님은 그 무엇보다 당신의 말씀이 순수하게 가르쳐지고 가치 있게 여겨지는 가운데 존경받고 찬양받는 것을 바라시기 때문입니다."

제2기원

"나라가 임하시오며,"

이것은 무슨 뜻입니까?

우리의 기도가 없더라도 하나님의 나라는 분명히 도래합니다. 그러나 우리는 이 간구를 통해 그분의 나라가 우리 가운데 임하기를 기도합니다.

어떻게 하나님의 나라가 우리 가운데 임합니까?

하늘에 계신 우리 아버지께서 그분의 성령을 주셔서, 그분의 은혜가 거룩한 말씀을 믿게 하고 우리가 그 말씀대로 살 때, 그분의 나라가 지금 여기로부터 영원무궁히 임하게 됩니다.

21   어떤 나라를 말합니까?

우리는 이것을 '하나님의 나라'라고 부릅니다. 이 나라는 지도상에 경계선을 그을 수 있는 나라가 아니라, 하나님의 손길이 있는 모든 자리를 뜻합니다. 그곳은 죄와 죽음과 악의 세력이 아니라, 하나님께서 약속하신 의와 생명과 자유가 가득한 곳입니다. 하나님의 나라는 말씀과 신앙 가운데 나타나며, 그리스도의 재림을 통해 영원히 드러날 것입니다.

『대교리문답』. 254. "하나님의 나라는 두 가지 모습으로 우리에게 나타납니다. 첫째는 임시방편인 말씀과 신앙 가운데 나타나고, 둘째는 영원한 계시 곧 그리스도의 재림을 통해 드러날 것입니다. 그러므로 우리는 이 두 가지 모두를 놓고 기도해야 합니다."

22   왜 그런 나라가 임하기를 기도합니까?

우리가 기도하지 않더라도 하나님의 나라는 분명히 임합니다. 그러나 이 기도를 통해 그렇게 약속된 나라가 지금 우리에게 임하기를 구하는 것입니다. 이것은 우리 한가운데서 그리고 우리 곁에서 하나님 나라의 능력이 나타나도록 해달라는 뜻이고, 바로 우리가 그분의 이름이 거룩해지는 그 나라의 한 부분이 되기를 바란다는 의미입니다.

딤후 3:1 너는 이것을 알라. 말세에 고통하는 때가 이르러.

눅 12:32 적은 무리여 무서워 말라. 너희 아버지께서 그 나라를 너희에게 주시기를 기뻐하시느니라.

23 '기도하지 않더라도 하나님의 나라가 분명히 임한다'는 것은 무슨 뜻입니까?

이 나라는 하나님의 아들을 통해 준비되었고, 그분의 말씀과 성령을 통해 그 나라가 유지되고 확장됩니다. 이것은 자비로우신 하나님의 뜻입니다.

시 2:8 내게 구하라. 내가 이방 나라를 네 유업으로 주리니 네 소유가 땅 끝까지 이르리로다.

사 55:11 내 입에서 나가는 말도 이와 같이 헛되이 내게로 되돌아오지 아니하고 나의 기뻐하는 뜻을 이루며 내가 보낸 일에 형통함이니라.

24 하나님의 나라가 '우리에게 임한다'는 것은 무슨 뜻입니까?

우리가 하나님 나라의 소유된 백성이며, 그분의 자녀로 살아갈 때 그분의 나라가 우리 가운데 임하게 됩니다.

벧전 2:9 너희는 택하신 족속이요 왕 같은 제사장들이요 거룩한 나라요 그의 소유가 된 백성이니 이는 너희를 어두운 데서 불러내어 그의 기이한 빛에 들어가게 하신 이의 아름다운 덕을 선포하게 하려 하심이라.

엡 5:5 너희도 정녕 이것을 알거니와 음행하는 자나 더러운 자나 탐하는 자 곧 우상숭배자는 다 그리스도와 하나님의 나라에서 기업을 얻지 못하리니.

25   어떻게 그렇게 확신할 수 있습니까?

하늘에 계신 우리의 아버지는 그분의 아들을 통해 성령을
주기로 약속하셨습니다. 그 성령께서는 우리로 하여금 그
분의 약속을 믿게 하고 지금으로부터 영원까지 하나님의
백성이 되도록 도와주십니다.

26   그러면 하나님의 나라는 그리스도인에게만 임합니까?

아니요, 그렇지 않습니다. 하나님은 말 잘 듣는 그리스도
인만 골라서 구원하려고 그분의 나라를 이 땅에 임하게 하
지 않습니다. 하나님은 그렇게 편협한 분이 아니십니다.
하나님의 구원 계획은 모든 인류에게 열려 있습니다. 그분
은 온 우주의 하나님이십니다.

렘 3:12-13 너는 가서 북을 향하여 이 말을 선포하여 이르라. 여호와
께서 이르시되 배역한 이스라엘아, 돌아오라. 나의 노한 얼굴을 너희
에게로 향하지 아니하리라. 나는 긍휼이 있는 자라. 노를 한없이 품
지 아니하느니라. 여호와의 말씀이니라. 너는 오직 네 죄를 자복하
라. 이는 네 하나님 여호와를 배반하고 네 길로 달려 이방인들에게로
나아가 모든 푸른 나무 아래로 가서 내 목소리를 듣지 아니하였음이
라. 여호와의 말씀이니라.

요 10:16 또 이 우리에 들지 아니한 다른 양들이 내게 있어 내가 인도

하여야 할 터이니 그들도 내 음성을 듣고 한 무리가 되어 한 목자에게 있으리라.

말 1:11 만군의 여호와가 이르노라. 해 뜨는 곳에서부터 해 지는 곳까지의 이방 민족 중에서 내 이름이 크게 될 것이라. 각처에서 내 이름을 위하여 분향하며 깨끗한 제물을 드리리니 이는 내 이름이 이방 민족 중에서 크게 될 것임이니라.

롬 10:11-15 성경에 이르되 누구든지 그를 믿는 자는 부끄러움을 당하지 아니하리라 하니 유대인이나 헬라인이나 차별이 없음이라. 한 분이신 주께서 모든 사람의 주가 되사 그를 부르는 모든 사람에게 부요하시도다. 누구든지 주의 이름을 부르는 자는 구원을 받으리라. 그런즉 그들이 믿지 아니하는 이를 어찌 부르리요. 듣지도 못한 이를 어찌 믿으리요. 전파하는 자가 없이 어찌 들으리요. 보내심을 받지 아니하였으면 어찌 전파하리요. 기록된 바 아름답도다, 좋은 소식을 전하는 자들의 발이여 함과 같으니라.

27 하나님 나라에 대한 기도를 예수님은 어떻게 가르치십니까?

예수님은 하나님 나라를 기도의 첫째 제목으로 삼으라고 가르치시며, 그리하면 모든 것을 더해 주시겠다고 약속하셨습니다.

마 6:33 너희는 먼저 그의 나라와 그의 의를 구하라. 그리하면 이 모든 것을 너희에게 더하시리라.

제3기원

"뜻이 하늘에서 이루어진 것같이 땅에서도 이루어지이다."

이것은 무슨 뜻입니까?

우리의 기도가 없어도 하나님의 선하고 자비로운 뜻은 분명히 이루어집니다. 그러나 우리는 이 간구를 통해 그분의 뜻이 우리 가운데 이루어지기를 기도합니다.

어떻게 하나님의 뜻이 우리 가운데 이루어집니까?

하나님은 그분의 이름을 더럽히고 그분의 나라를 방해하는 모든 악한 말과 의지를 부수고 무너뜨리십니다. 하나님은 마귀와 세상 그리고 우리의 정욕을 꺾으시고, 말씀과 신앙으로 끝까지 우리를 강하고 든든하게 붙드십니다. 이것이 바로 하나님의 선하고 자비로운 뜻입니다.

28   '하나님의 뜻'이란 무엇입니까?

우리가 하나님의 이름을 거룩하게 하는 것과 하나님의 나라가 이 땅에 임하는 것입니다.

엡 1:4-6 곧 창세 전에 그리스도 안에서 우리를 택하사 우리로 사랑 안에서 그 앞에 거룩하고 흠이 없게 하시려고 그 기쁘신 뜻대로 우리를 예정하사 예수 그리스도로 말미암아 자기의 아들들이 되게 하셨으니 이는 그가 사랑하시는 자 안에서 우리에게 거저 주시는 바 그의 은혜의 영광을 찬송하게 하려는 것이라.

딤전 2:4 하나님은 모든 사람이 구원을 받으며 진리를 아는 데에 이르기를 원하시느니라.

29 하나님의 뜻이 이 땅에서도 이루어지기를 기도해야 하는 이유는 무엇입니까?

하나님의 뜻은 우리의 기도 없이도 이루어집니다. 그러나 이 기도를 통해 우리 가운데 그분의 뜻이 이루어지기를 바라며, 우리가 그 계획의 한 부분이 되기를 소망하기 때문에 기도합니다.

시 33:10 여호와께서 나라들의 계획을 폐하시며 민족들의 사상을 무효하게 하시도다.

롬 11:33-34 깊도다, 하나님의 지혜와 지식의 풍성함이여. 그의 판단은 헤아리지 못할 것이며 그의 길은 찾지 못할 것이로다. 누가 주의 마음을 알았느냐. 누가 그의 모사가 되었느냐.

『대교리문답』 261. "우리의 요청 없이도 하나님의 뜻은 이루어지고 그분의 나라는 임합니다.……그러나 우리 자신을 위해서라도 우리는 그분의 뜻이 우리 가운데 이루어지기를 기도해야 합니다. 그렇게 함으로써 악마는 아무것도 성취하지 못하게 될 것이고, 우리는 그 모든 아픔과 시련 앞에서 당당히 일어나 하나님의 뜻에 순종하게 됩니다."

30 하나님의 뜻이 우리 가운데 어떤 식으로 이루어집니까?

우리가 하나님의 뜻을 따라 해야 할 것과 하지 말아야 할 것을 기쁘게 구별하고, 환난 가운데서도 우리를 향한 하나님의 자비와 은총을 떠올려야 합니다. 그런 삶 속에서 하나님은 그분의 뜻을 우리 가운데 이루어 가십니다. 거기서 하나님은 우리가 가진 악한 욕망으로부터 우리를 보호하고, 그분의 선하신 뜻에 순종하는 데 합당하게 만들어 가십니다.

마 7:21 나더러 주여, 주여, 하는 자마다 다 천국에 들어갈 것이 아니요 다만 하늘에 계신 내 아버지의 뜻대로 행하는 자라야 들어가리라.

벧전 4:19 그러므로 하나님의 뜻대로 고난을 받는 자들은 또한 선을 행하는 가운데에 그 영혼을 미쁘신 창조주께 의탁할지어다.

행 14:22 제자들의 마음을 굳게 하여 이 믿음에 머물러 있으라 권하고 또 우리가 하나님의 나라에 들어가려면 많은 환난을 겪어야 할 것이라 하고.

마 16:24 이에 예수께서 제자들에게 이르시되 누구든지 나를 따라오려거든 자기를 부인하고 자기 십자가를 지고 나를 따를 것이니라.

창 50:20 당신들은 나를 해하려 하였으나 하나님은 그것을 선으로 바꾸사 오늘과 같이 많은 백성의 생명을 구원하게 하시려 하셨나니.

시 143:10 주는 나의 하나님이시니 나를 가르쳐 주의 뜻을 행하게 하소서. 주의 영은 선하시니 나를 공평한 땅에 인도하소서.

31 왜 하나님은 우리를 악한 욕망에서 보호하십니까?

악한 욕망은 마귀에게 속한 일이기 때문입니다. 마귀는 우리가 하나님의 뜻이 아닌 육체의 소욕을 따라 살도록 만듭니다. 그 때문에 하나님은 우리에게 숨겨진 모든 악한 의지로부터 우리를 보호하십니다.

요일 3:8 죄를 짓는 자는 마귀에게 속하나니 마귀는 처음부터 범죄함이라. 하나님의 아들이 나타나신 것은 마귀의 일을 멸하려 하심이라.

요일 2:15-17 이 세상이나 세상에 있는 것들을 사랑하지 말라. 누구든지 세상을 사랑하면 아버지의 사랑이 그 안에 있지 아니하니 이는 세상에 있는 모든 것이 육신의 정욕과 안목의 정욕과 이생의 자랑이니 다 아버지께로부터 온 것이 아니요 세상으로부터 온 것이라. 이 세상도, 그 정욕도 지나가되 오직 하나님의 뜻을 행하는 자는 영원히 거하느니라.

갈 5:16 내가 이르노니 너희는 성령을 따라 행하라. 그리하면 육체의 욕심을 이루지 아니하리라.

벧전 5:8-9 근신하라. 깨어라. 너희 대적 마귀가 우는 사자 같이 두루 다니며 삼킬 자를 찾나니 너희는 믿음을 굳건하게 하여 그를 대적하라. 이는 세상에 있는 너희 형제들도 동일한 고난을 당하는 줄을 앎이라.

롬 16:20 평강의 하나님께서 속히 사탄을 너희 발 아래에서 상하게 하시리라.

『대교리문답』. 262. "악마와 모든 원수의 뜻과 목적은 반드시 실패합니다. 이것이 우리의 위로와 자랑입니다. 만일 그들이 패배하지 않으면 하나님 나라는 이 땅에 임하지도 않고 그분의 이름도 거룩히 여김 받지 못할 것이기 때문입니다."

참조. 창 3:1-7, 수 7:18-22, 눅 2:54-62.

32 어떻게 하면 하나님의 뜻에 순종하는 삶을 살 수 있습니까?

하나님은 우리에게 말씀을 주셨습니다. 그리고 세상 끝날까지 이 말씀을 믿고 따르는 자를 강하게 붙들어 주겠다고 약속하셨습니다. 이것은 확실하고 은혜로운 하나님의 뜻입니다.

벧전 5:10 모든 은혜의 하나님 곧 그리스도 안에서 너희를 부르사 자기의 영원한 영광에 들어가게 하신 이가 잠깐 고난을 당한 너희를 친히 온전하게 하시며 굳건하게 하시며 강하게 하시며 터를 견고하게 하시리라.

고후 12:9 나에게 이르시기를 내 은혜가 네게 족하도다. 이는 내 능력이 약한 데서 온전하여짐이라 하신지라. 그러므로 도리어 크게 기뻐함으로 나의 여러 약한 것들에 대하여 자랑하리니 이는 그리스도의 능력이 내게 머물게 하려 함이라.

참조. 창 50:15-21, 욥 1장, 고전 10:31.

제4기원

"오늘 우리에게 일용할 양식을 주시옵고,"

이것은 무슨 뜻입니까?

우리의 기도가 없어도 하나님은 '일용할 양식'을 분명히 주십니다. 우리뿐 아니라 악한 사람들에게도 주십니다. 그러나 우리는 이 간구를 통해 매일의 양식을 주시는 분이 하나님이심을 깨닫고, 감사하며 받기 위해 기도합니다.

'일용할 양식'이란 무슨 뜻입니까?

먹을 것, 마실 것, 옷, 신발, 집, 뜰, 토지, 가축, 돈, 물건, 건실한 배우자와 자녀, 믿음직한 일꾼, 선한 통치자와 정부, 좋은 날씨와 평화, 건강, 교육, 명예, 좋은 친구와 선한 이웃 등 살아가는 데 필요한 모든 것을 뜻합니다.

33 일용할 양식을 달라고 기도해야 하는 이유가 무엇입니까?

우리에게 주어진 모든 것은 우리의 것이 아닙니다. 의식주

뿐만 아니라 살아가는 데 필요한 모든 것은 하나님께서 주신 자비로운 선물임을 기억해야 합니다. 그러므로 이 기도는 우리로 하여금 주어진 일상에서 작고 하찮은 일에도 감사하며 살아가도록 만듭니다.

시 104:14-15 그가 가축을 위한 풀과 사람을 위한 채소를 자라게 하시며 땅에서 먹을 것이 나게 하셔서 사람의 마음을 기쁘게 하는 포도주와 사람의 얼굴을 윤택하게 하는 기름과 사람의 마음을 힘있게 하는 양식을 주셨도다.

렘 5:24 또 너희 마음으로 우리에게 이른 비와 늦은 비를 때를 따라 주시며 우리를 위하여 추수 기한을 정하시는 우리 하나님 여호와를 경외하자 말하지도 아니하니.

시 127:1 여호와께서 집을 세우지 아니하시면 세우는 자의 수고가 헛되며 여호와께서 성을 지키지 아니하시면 파수꾼의 깨어 있음이 헛되도다.

시 145:15-16 모든 사람의 눈이 주를 앙망하오니 주는 때를 따라 그들에게 먹을 것을 주시며 손을 펴사 모든 생물의 소원을 만족하게 하시나이다.

엡 5:20 범사에 우리 주 예수 그리스도의 이름으로 항상 아버지 하나님께 감사하며.

참조. 왕상 17장. 눅 5:1-7.

34　왜 일용할 양식을 '나에게 달라'고 하지 않고 '우리에게 달라'고 기도합니까?

이 기도는 나 자신의 필요를 넘어서기 때문입니다. 나를 위한 기도인 동시에 이웃을 위한 기도입니다. 양식이 필요한 이웃이 있다면 언제라도 나의 양식을 함께 나누라는 뜻이 담겨 있습니다. 이것은 그리스도의 사랑을 받은 자들이 그분의 사랑을 전하는 통로가 되는 방법입니다. 이는 선택사항이 아니라 그리스도인의 의무이며 책임입니다.

살후 3:10-12 우리가 너희와 함께 있을 때에도 너희에게 명하기를 누구든지 일하기 싫어하거든 먹지도 말게 하라 하였더니 우리가 들은즉 너희 가운데 게으르게 행하여 도무지 일하지 아니하고 일을 만들기만 하는 자들이 있다 하니 이런 자들에게 우리가 명하고 주 예수 그리스도 안에서 권하기를 조용히 일하여 자기 양식을 먹으라 하노라.

히 13:16 오직 선을 행함과 서로 나누어 주기를 잊지 말라. 하나님은 이 같은 제사를 기뻐하시느니라.

35　왜 '우리에게 일용할 양식' 앞에 '오늘'이라는 말을 붙였습니까?

자족하는 삶을 살라는 권면입니다. 하나님은 장래의 일을 '미리 염려하지 말라'고 가르치십니다.

마 6:34 그러므로 내일 일을 위하여 염려하지 말라. 내일 일은 내일이 염려할 것이요 한 날의 괴로움은 그날로 족하니라.

딤전 6:8 우리가 먹을 것과 입을 것이 있은즉 족한 줄로 알 것이니라.

잠 30:7-9 내가 두 가지 일을 주께 구하였사오니 내가 죽기 전에 내게 거절하지 마시옵소서. 곧 헛된 것과 거짓말을 내게서 멀리 하옵시며 나를 가난하게도 마옵시고 부하게도 마옵시고 오직 필요한 양식으로 나를 먹이시옵소서. 혹 내가 배불러서 하나님을 모른다 여호와가 누구냐 할까 하오며 혹 내가 가난하여 도둑질하고 내 하나님의 이름을 욕되게 할까 두려워함이니이다.

36 일용할 양식을 구하는 기도가 꼭 필요합니까?

이 땅에서 살아가야 하는 우리의 몸과 생명은 빈 광주리와 같습니다. 그렇기에 매일 일용할 양식으로 채워져야 합니다. 그래서 이 기도는 살아가는 데 필요한 모든 것을 간구하는 의미가 담겨 있습니다. 하지만 더 넓은 뜻도 담겨 있습니다. 이 기도는 일용할 양식을 방해하는 모든 것에 저항해야 할 것을 가르칩니다. 그 때문에 이 기도는 내 가족과 이웃, 시민과 국가의 질서와 안녕을 위한 기원이라고 할 수 있습니다. 사회적 질서와 상호 관계가 방해받으면 생명 자체가 위협받습니다. 그런 식으로는 안정된 삶을 영위할 수 없게 됩니다. 그러므로 우리에게 이 기도는 반드시 필요합니다.

마 5:45 이같이 한즉 하늘에 계신 너희 아버지의 아들이 되리니 이는 하나님이 그 해를 악인과 선인에게 비추시며 비를 의로운 자와 불의한 자에게 내려주심이라.

시 104:27-29 이것들은 다 주께서 때를 따라 먹을 것을 주시기를 바라나이다. 주께서 주신즉 그들이 받으며 주께서 손을 펴신즉 그들이 좋은 것으로 만족하다가 주께서 낯을 숨기신즉 그들이 떨고 주께서 그들의 호흡을 거두신즉 그들은 죽어 먼지로 돌아가나이다.

딤전 4:4-5 하나님께서 지으신 모든 것이 선하매 감사함으로 받으면 버릴 것이 없나니 하나님의 말씀과 기도로 거룩하여짐이라.

참조. 『대교리문답』 263-269.

제5기원

"우리가 우리에게 죄 지은 자를 사하여 준 것같이 우리 죄를 사하여 주시옵고,"

이것은 무슨 뜻입니까?

우리는 이 간구를 통해 하늘 아버지가 우리의 죄를 뚫어지게 응시하면서 그 죄를 이유로 우리의 간구를 거절하지 말아 주실 것을 기도합니다. 우리는 우리가 기도하는 그 어떤 것도 받을 자격이 없고 바랄 수도 없습니다.

우리는 매일 죄를 지으며 매를 벌어들입니다. 그럼에도 불구하고 하나님은 우리가 기도하는 모든 것을 주고 싶어 하십니다. 이것은 하나님의 은혜입니다. 그 때문에 우리도 우리에게 죄 지은 자를 진심으로 용서하고 기꺼이 선을 베풀어야 합니다.

37   죄 지은 자를 왜 용서해야 합니까?

비록 우리가 하나님을 믿으며 살지라도 죄를 피할 수는 없습니다. 우리는 매번 비틀거리고 흔들립니다. 그렇게 세상 안에서 사람들과 부대끼며 살기 때문에 서로 상처를 주고받으며, 참지 못해 화를 내거나 복수하기도 합니다. 이런 전쟁터 속에서 똑바로 서 있기란 여간 어려운 게 아닙니다. 이때 필요한 것이 우리의 죄를 용서해 달라는 기도입니다. 죄 사함의 복음은 그리스도를 통해 이미 우리에게 주어졌습니다. 우리의 모든 죄를 용서하시겠다는 약속을 선물로 주셨습니다. 하지만 여기에 하나님은 단서를 붙이셨습니다. '우리가 이웃의 죄를 용서해야 한다'는 것입니다. 하나님께서 우리를 용서하셨기에 우리 역시 용서해야 합니다. 우리가 이웃의 죄를 용서하는 순간, 우리는 하나님 사랑의 일부분이 됩니다.

눅 6:37 비판하지 말라. 그리하면 너희가 비판을 받지 않을 것이요. 정죄하지 말라. 그리하면 너희가 정죄를 받지 않을 것이요. 용서하

라. 그리하면 너희가 용서를 받을 것이요.

마 6:14-15 너희가 사람의 잘못을 용서하면 너희 하늘 아버지께서도 너희 잘못을 용서하시려니와 너희가 사람의 잘못을 용서하지 아니하면 너희 아버지께서도 너희 잘못을 용서하지 아니하시리라.

38 이 용서의 기도는 어디에 근거한 것입니까?

오직 그리스도 안에 드러난 하나님의 은총입니다. 우리 기도에 어떤 힘이나 공로가 있어서가 아닙니다. 그저 우리에게 모든 것을 값없이 주시는 하나님의 사랑과 은혜입니다. 용서가 있기에 우리의 양심은 기뻐하고 악에 대항할 힘을 얻습니다.

시 19:12 자기 허물을 능히 깨달을 자 누구리요. 나를 숨은 허물에서 벗어나게 하소서.

창 32:10 나는 주께서 주의 종에게 베푸신 모든 은총과 모든 진실하심을 조금도 감당할 수 없사오나.

단 9:18 나의 하나님이여, 귀를 기울여 들으시며 눈을 떠서 우리의 황폐한 상황과 주의 이름으로 일컫는 성을 보옵소서. 우리가 주 앞에 간구하옵는 것은 우리의 공의를 의지하여 하는 것이 아니요 주의 큰 긍휼을 의지하여 함이니이다.

『대교리문답』, 271-272. "하나님께서는 매일 쌓여가는 우리의 죄를 보고 비난하지 않습니다. 그렇다고 간과하는 것도 아닙니다. 대신 은총으로 우리를 대하시고 약속하신 대로 용서하십니다. 그리하여 우리는 기쁘고 당당한 양심을 얻어 하나님 앞에 서게 되고 기도할 수 있

게 되는 것입니다. 그런 마음과 신뢰가 없다면 하나님 앞에 똑바로
설 수도 기도할 수도 없을 것입니다. 이런 신뢰와 마음은 죄 용서에
대한 확실한 지식에서만 비롯됩니다."

39 '용서'란 무엇입니까?

용서란 죄를 너그러이 덮어 주는 것입니다. 이 용서는 죄
에 대한 깊은 통회 가운데서만 선물로 주어집니다. 그렇게
회개하며 용서받은 사람은 새로운 삶을 살게 되어 있습니
다. 즉 자기 죄에 대한 책임의식을 갖고 산다는 것입니다.
자신이 지은 죄를 깨닫지 못하는 사람에게는 참된 용서가
없습니다. 그러므로 하나님의 용서는 밑도 끝도 없는 용
서, 책임지지 않는 용서가 아니라 회개하는 자에게 주어지
는 하나님의 선물입니다. 용서받은 사람은 선한 양심을 얻
어 새 삶을 꾸릴 용기를 얻게 됩니다.

눅 15:21 아들이 이르되 아버지, 내가 하늘과 아버지께 죄를 지었사오
니 지금부터는 아버지의 아들이라 일컬음을 감당하지 못하겠나이다.

눅 18:13 세리는 멀리 서서 감히 눈을 들어 하늘을 쳐다보지도 못하
고 다만 가슴을 치며 이르되 하나님이여, 불쌍히 여기소서. 나는 죄
인이로소이다 하였느니라.

40 이웃을 용서하지 않는 사람이 하나님의 용서를 받을 수 있습니까?

아니요, 받을 수 없습니다. 그런 사람이 이 기도를 한다면,

도리어 하나님의 진노를 불러들이게 될 것입니다.

마 18:21-22 그때에 베드로가 나아와 이르되 주여, 형제가 내게 죄를 범하면 몇 번이나 용서하여 주리이까. 일곱 번까지 하오리이까. 예수께서 이르시되 네게 이르노니 일곱 번뿐 아니라 일곱 번을 일흔 번까지라도 할지니라.

참조. 창 50:15-21.

41 용서하는 것이 쉽습니까?

아니요, 어렵습니다. 우리의 본성은 매번 용서보다 복수를 다짐합니다. 그런데 그리스도는 원수도 사랑하라고 하십니다. 이런 용서는 육체의 본성과 욕망을 거스르는 일입니다. 그렇기에 우리 힘으로 가능한 일이 절대 아닙니다. 그 때문에 우리는 용서할 수 있도록 기도하며 도움을 구해야 합니다. 우리를 용서하신 하나님의 사랑, 십자가의 그리스도 때문에 우리 역시 용서해야 합니다. 성령께서는 우리를 용서하도록 도우시고, 그렇게 용서하는 자에게 힘을 주어, 우리가 하나님 나라에 동참하고 있다는 감격을 맛보게 합니다. 주님께서는 기도하는 자를 반드시 도와주십니다.

막 11:25 서서 기도할 때에 아무에게나 혐의가 있거든 용서하라. 그리하여야 하늘에 계신 너희 아버지께서도 너희 허물을 사하여 주시리라 하시니라.

눅 6:27-28 그러나 너희 듣는 자에게 내가 이르노니 너희 원수를 사랑하며 너희를 미워하는 자를 선대하며 너희를 저주하는 자를 위하여 축복하며 너희를 모욕하는 자를 위하여 기도하라.

롬 8:26 이와 같이 성령도 우리의 연약함을 도우시나니 우리는 마땅히 기도할 바를 알지 못하나 오직 성령이 말할 수 없는 탄식으로 우리를 위하여 친히 간구하시느니라.

제6기원

"우리를 시험에 들게 하지 마시옵고,"

이것은 무슨 뜻입니까?

하나님은 아무도 유혹하지 않으십니다. 그러나 이 간구를 통해 하나님께서 우리를 지키고 보호해 주시기를 기도합니다. 그분은 우리가 마귀와 세상과 우리의 정욕에 넘어가지 않게 하시고, 불신과 의심, 그 밖에 커다란 수치와 방탕의 꾐에 빠지지 않게 하십니다. 이런 시련이 닥쳐 기도할 때 우리는 결국 승리를 얻습니다.

42 주기도에 나오는 '시험'이란 무엇입니까?

악한 유혹을 뜻합니다. 이것은 하나님께서 우리를 연단시켜 거룩하게 만드시는 시험과 다릅니다.

벧전 4:12-13 사랑하는 자들아, 너희를 연단하려고 오는 불 시험을 이상한 일 당하는 것같이 이상히 여기지 말고 오히려 너희가 그리스도의 고난에 참여하는 것으로 즐거워하라. 이는 그의 영광을 나타내실 때에 너희로 즐거워하고 기뻐하게 하려 함이라.

약 1:12 시험을 참는 자는 복이 있나니 이는 시련을 견디어 낸 자가 주께서 자기를 사랑하는 자들에게 약속하신 생명의 면류관을 얻을 것이기 때문이라.

43 '하나님께서 우리를 연단시키시는 시험'이란 무엇입니까?

우리의 신앙을 정화하고 강하게 할 목적으로 주시는 시련입니다.

요 6:5-6 예수께서 눈을 들어 큰 무리가 자기에게로 오는 것을 보시고 빌립에게 이르시되 우리가 어디서 떡을 사서 이 사람들을 먹이겠느냐 하시니 이렇게 말씀하심은 친히 어떻게 하실지를 아시고 빌립을 시험하고자 하심이라.

참조. 창 22:1-19, 막 7:25-30.

44 악한 유혹은 어디서 비롯되었습니까?

유혹은 하나님으로부터 온 것이 아닙니다. 이것은 마귀와 악한 세상, 그리고 죄에 사로잡힌 육체에서 시작합니다. 악한 유혹은 우리를 속여서 불신앙으로 인도합니다. 그리하여 마음에 상처를 내고 화를 돋우어 모든 관계에 불을 지펴 범죄하게 만듭니다.

약 1:13 사람이 시험을 받을 때에 내가 하나님께 시험을 받는다 하지 말지니 하나님은 악에게 시험을 받지도 아니하시고 친히 아무도 시험하지 아니하시느니라.

45 마귀는 우리를 어떻게 유혹합니까?

마귀는 마음의 일에 간섭합니다. 그리하여 죄에 대해 둔감하게 만들어 양심을 마비시키고, 하나님을 의심하고 부인하게 하고, 믿음과 소망과 사랑을 산산조각내 버립니다.

벧전 5:8-9 근신하라. 깨어라. 너희 대적 마귀가 우는 사자 같이 두루 다니며 삼킬 자를 찾나니 너희는 믿음을 굳건하게 하여 그를 대적하라. 이는 세상에 있는 너희 형제들도 동일한 고난을 당하는 줄을 앎이라.

46 악한 세상은 우리를 어떻게 유혹합니까?

악한 세상은 작은 자가 되는 것을 우습게 여기고 높은 자리에 올라 자기를 드러내도록 부추깁니다. 그리하여 말과 행동으로 타인을 멸시하고 미워하며, 시기, 질투, 폭력, 부정, 복수, 저주, 오만불손, 사치를 쏟아냅니다. 명예와 권력을 하나님처럼 숭상하는 것도 세상에서 오는 유혹입니다.

마 18:6-7 누구든지 나를 믿는 이 작은 자 중 하나를 실족하게 하면 차라리 연자 맷돌이 그 목에 달려서 깊은 바다에 빠뜨려지는 것이 나으니라. 실족하게 하는 일들이 있음으로 말미암아 세상에 화가 있도다. 실족하게 하는 일이 없을 수는 없으나 실족하게 하는 그 사람에게는 화가 있도다.

47 죄에 사로잡힌 육체는 우리를 어떻게 유혹합니까?

우리는 육체 안에서 살아갑니다. 이 육체는 목구멍까지 옛 아담으로 차올라 있습니다. 그 육체가 우리를 매일 음란과 게으름과 탐식과 탐욕과 거짓으로 흥분시키고 유혹합니다. 이것은 우리 본성 깊은 곳에 달라붙어 있는 사악한 욕망입니다. 이 육체의 욕망은 선을 무시하고 악한 것을 즐거워합니다.

약 1:14-15 오직 각 사람이 시험을 받는 것은 자기 욕심에 끌려 미혹됨이니 욕심이 잉태한즉 죄를 낳고 죄가 장성한즉 사망을 낳느니라.

48 그렇다면 이제 이 기도로 우리가 간절히 구해야 할 것은 무엇입니까?

유혹과 시련에 굴복당하지 않기를 기도해야 합니다. 시련은 누구나 당합니다. 그러나 이 기도는 우리로 하여금 피난처가 하나님께 있다는 것을 깨닫게 합니다. 하나님은 유혹으로부터 우리를 보호하시고, 강하게 만들어 시험을 이

기게 하십니다.

살후 3:3 주는 미쁘사 너희를 굳건하게 하시고 악한 자에게서 지키시리라.

고전 10:13 사람이 감당할 시험 밖에는 너희가 당한 것이 없나니 오직 하나님은 미쁘사 너희가 감당하지 못할 시험 당함을 허락하지 아니하시고 시험 당할 즈음에 또한 피할 길을 내사 너희로 능히 감당하게 하시느니라.

엡 6:13 그러므로 하나님의 전신 갑주를 취하라. 이는 악한 날에 너희가 능히 대적하고 모든 일을 행한 후에 서기 위함이라.

49   하나님께서 어떻게 우리를 보호하십니까?

시련과 죄의 유혹 가운데 놓인 우리를 말씀으로 감싸십니다. 이것은 하나님의 은총이며 신실하신 약속입니다.

계 3:10 네가 나의 인내의 말씀을 지켰은즉 내가 또한 너를 지켜 시험의 때를 면하게 하리니 이는 장차 온 세상에 임하여 땅에 거하는 자들을 시험할 때라.

『대교리문답』 280. "악마는 매우 간교한 뱀의 머리를 가졌습니다. 그래서 작은 틈새라도 생기면 우선 머리부터 집어넣습니다. 그 후에 몸 전체가 자연스레 따라 들어오게 됩니다. 그러나 기도는 악마를 막아내고 쫓아 버립니다."

50   하나님은 어떻게 우리를 강하게 만드십니까?

하나님은 언제나 우리 곁에 든든히 서 계십니다. 유혹이

밀려오더라도 하나님은 우리를 떠나지 않으십니다. 죄와 유혹이 우리 곁에 계신 하나님을 이기지 못합니다. 그렇게 십자가의 복음을 믿고 살아가는 성도에게 하나님은 승리를 선물로 주십니다.

고전 1:8 주께서 너희를 우리 주 예수 그리스도의 날에 책망할 것이 없는 자로 끝까지 견고하게 하시리라.

요일 5:4 무릇 하나님께로부터 난 자마다 세상을 이기느니라. 세상을 이기는 승리는 이것이니 우리의 믿음이니라.

히 2:18 그가 시험을 받아 고난을 당하셨은즉 시험받는 자들을 능히 도우실 수 있느니라.

51 이 기도에서 하나님께서 우리에게 원하시는 것은 무엇입니까?

시련을 피하라는 것이 아니라 당당히 맞서라는 것입니다. 그리고 깨어 기도하라는 것입니다.

마 26:41 시험에 들지 않게 깨어 기도하라. 마음에는 원이로되 육신이 약하도다.

엡 6:13 그러므로 하나님의 전신 갑주를 취하라. 이는 악한 날에 너희가 능히 대적하고 모든 일을 행한 후에 서기 위함이라.

딤전 6:12 믿음의 선한 싸움을 싸우라. 영생을 취하라. 이를 위하여 네가 부르심을 받았고 많은 증인 앞에서 선한 증언을 하였도다.

참조. 『대교리문답』, 274-280.

제7기원

"다만 악에서 구하시옵소서."

이것은 무슨 뜻입니까?

이 간구는 결론입니다. 하늘에 계신 아버지는 우리
의 몸과 영혼, 재산과 명예에 붙어 있는 모든 악에
서 우리를 구하시고, 때가 차 복된 임종의 시간이
되면 그분의 은혜로 모든 아픔에서 건져 하늘로 인
도하십니다.

52   주기도의 마지막 간구는 무엇입니까?

모든 악에서 건져내 달라는 기도입니다. 이것은 모든 간구
의 총합이며 요약입니다.

53   이 간구의 목표는 무엇입니까?

우리 주변에 도사리고 있는 모든 악을 지금 당장 제거해
달라는 게 아닙니다. 이것은 악한 세상 속에 놓인 우리로
하여금 마지막 때까지 은총 가운데 담대히 거하며 인내할
수 있도록 해달라는 기도입니다.

시 91:10-11 화가 네게 미치지 못하며 재앙이 네 장막에 가까이 오지 못하리니 그가 너를 위하여 그의 천사들을 명령하사 네 모든 길에서 너를 지키게 하심이라.

히 10:35-36 그러므로 너희 담대함을 버리지 말라. 이것이 큰 상을 얻게 하느니라. 너희에게 인내가 필요함은 너희가 하나님의 뜻을 행한 후에 약속하신 것을 받기 위함이라.

54 도대체 왜, 지금 당장 모든 악을 제거해 달라고 기도하지 않는 것입니까?

우리에게 닥친 환난은 우리의 믿음을 연단하도록 만드는 거룩한 십자가이기 때문입니다.

롬 5:3-6 우리가 환난 중에도 즐거워하나니 이는 환난은 인내를, 인내는 연단을, 연단은 소망을 이루는 줄 앎이로다. 소망이 우리를 부끄럽게 하지 아니함은 우리에게 주신 성령으로 말미암아 하나님의 사랑이 우리 마음에 부은 바 됨이니 우리가 아직 연약할 때에 기약대로 그리스도께서 경건하지 않은 자를 위하여 죽으셨도다.

행 14:22 제자들의 마음을 굳게 하여 이 믿음에 머물러 있으라 권하고 또 우리가 하나님의 나라에 들어가려면 많은 환난을 겪어야 할 것이라 하고.

고후 4:17-18 우리가 잠시 받는 환난의 경한 것이 지극히 크고 영원한 영광의 중한 것을 우리에게 이루게 함이니 우리가 주목하는 것은 보이는 것이 아니요 보이지 않는 것이니 보이는 것은 잠깐이요 보이지 않는 것은 영원함이라.

고후 12:9 나에게 이르시기를 내 은혜가 네게 족하도다. 이는 내 능력이 약한 데서 온전하여짐이라 하신지라. 그러므로 도리어 크게 기뻐함으로 나의 여러 약한 것들에 대하여 자랑하리니 이는 그리스도의 능력이 내게 머물게 하려 함이라.

히 12:5-7 또 아들들에게 권하는 것같이 너희에게 권면하신 말씀도 잊었도다. 일렀으되 내 아들아, 주의 징계하심을 경히 여기지 말며 그에게 꾸지람을 받을 때에 낙심하지 말라. 주께서 그 사랑하시는 자를 징계하시고 그가 받아들이시는 아들마다 채찍질하심이라 하였으니 너희가 참음은 징계를 받기 위함이라. 하나님이 아들과 같이 너희를 대우하시나니 어찌 아버지가 징계하지 않는 아들이 있으리요.

55 하나님은 우리가 임종을 맞이할 때 악에서 어떻게 구해 내십니까?

우리에게 임종의 시간이 다가오면 이 땅의 모든 수고와 아픔을 내려놓게 하시며, 평안 가운데 주님의 나라로 인도하십니다.

딤후 4:18 주께서 나를 모든 악한 일에서 건져내시고 또 그의 천국에 들어가도록 구원하시리니 그에게 영광이 세세무궁토록 있을지어다. 아멘.

계 21:4 모든 눈물을 그 눈에서 닦아 주시니 다시는 사망이 없고 애통하는 것이나 곡하는 것이나 아픈 것이 다시 있지 아니하리니 처음 것들이 다 지나갔음이러라.

눅 2:29-30 주재여, 이제는 말씀하신 대로 종을 평안히 놓아 주시는도다. 내 눈이 주의 구원을 보았사오니.

『대교리문답』, 282. "특별한 것은 주기도 맨 끝에 '다만 악에서 구하시옵소서'라는 구절이 등장한다는 사실입니다. 여기에는 이유가 있습니다. 모든 못된 것으로부터 보호받고 구원받으려면 우선 그분의 이름을 (우리의 말과 행실로) 거룩히 높여야 하고, 하나님 나라와 그 뜻이 우리 가운데 드러나야 되기 때문입니다. 바로 그 자리에서 하나님은 우리를 죄와 모든 수치에서 보호하시고, 우리에게 고통을 주고 해하는 모든 것으로부터 지켜 주실 것입니다."

마감하는 말

"나라와 권세와 영광이 아버지께 영원히 있사옵나이다.[12] 아멘."

'아멘'은 무슨 뜻입니까?

우리가 기도하는 모든 간구를 하늘에 계신 아버지께서 받아 응답해 주실 것을 확실히 믿는 것입니다.

그렇게 확신하는 이유는 하나님께서 우리에게 이렇게 기도하라고 명령하셨고, 우리의 기도를 경청하겠다고 약속하셨기 때문입니다. 그러므로 '아멘'이라는 말은 '예, 진실로 그렇게 될 것입니다!'라는 뜻입니다.

---

12 1529년 비텐베르크판에는 이 간구가 없었고 오직 '아멘'만 있었다. 이 구절은 1558년 뉘른베르크판부터 등장한다.

56 '나라가 아버지께 있습니다'라는 말을 붙인 이유는 무엇입니까?

당연히 하나님은 그분의 나라를 통치하십니다. 그러므로 이 구절은 우리가 하나님 나라의 백성으로 받아들여졌고, 그분의 통치 가운데 살고 있는 우리의 기도를 하나님께서 들어 주신다는 신앙의 고백입니다.

시 94:14 여호와께서는 자기 백성을 버리지 아니하시며 자기의 소유를 외면하지 아니하시리로다.

57 '권세가 아버지께 있습니다'라는 말을 붙인 이유는 무엇입니까?

하나님은 우리의 기도를 경청하고 응답해 주시는 힘이 있기 때문입니다.

시 115:3 오직 우리 하나님은 하늘에 계셔서 원하시는 모든 것을 행하셨나이다.

58 '영광이 아버지께 있습니다'라는 말을 붙인 이유는 무엇입니까?

하나님은 자기 백성의 기도를 경청하며 선한 열매로 응답해 주시는데, 이를 통해 하나님의 이름이 드높여지고 찬송 받게 되며 그분의 영광이 드러나기 때문입니다.

시 79:9 우리 구원의 하나님이여, 주의 이름의 영광스러운 행사를 위하여 우리를 도우시며 주의 이름을 증거하기 위하여 우리를 건지시며 우리 죄를 사하소서.

59   이 구절에 왜 '영원히'라는 말을 붙였습니까?

우리 주님이신 하나님의 나라와 권세와 영광이 과거로 끝
난 것이 아니라, 지금으로부터 영원까지 계속될 것을 나타
내기 위한 것입니다. 하나님은 우리의 영원한 피난처가 되
십니다.

시 90:2 산이 생기기 전, 땅과 세계도 주께서 조성하시기 전 곧 영원
부터 영원까지 주는 하나님이시니이다.

60   '아멘'의 뜻은 무엇입니까?

하늘에 계신 하나님 아버지께서 우리의 기도를 들으셨고
응답해 주실 것을 확실히 믿는다는 뜻입니다.

시 65:2 기도를 들으시는 주여, 모든 육체가 주께 나아오리이다.

61   그런 확신은 어디서 나옵니까?

하나님께서 우리에게 기도하라고 명령하셨고, 응답하겠다
고 약속하셨습니다.

62   당신은 어떤 말로 기도의 끝맺음을 하겠습니까?

'아멘!' 이것은 하나님을 의심하지 않는다는 믿음의 표현
입니다.

고후 1:20 하나님의 약속은 얼마든지 그리스도 안에서 예가 되니 그

런즉 그로 말미암아 우리가 아멘 하여 하나님께 영광을 돌리게 되느니라.

엡 3:20-21 우리 가운데서 역사하시는 능력대로 우리가 구하거나 생각하는 모든 것에 더 넘치도록 능히 하실 이에게 교회 안에서와 그리스도 예수 안에서 영광이 대대로 영원무궁하기를 원하노라. 아멘.

『대교리문답』284. "야고보는 이렇게 가르칩니다. '오직 믿음으로 구하고 조금도 의심하지 말라. 의심하는 자는 마치 바람에 밀려 요동하는 바다 물결 같으니 이런 사람은 무엇이든지 주께 얻기를 생각하지 말라.'[약 1:6-7] 보십시오! 이것이 바로 하나님의 마음입니다. 그러므로 확신을 가지고 기도하십시오. 기도는 헛되지 않습니다. 그 어떤 경우라도 우리의 기도를 우습게 여기지 마십시오!"

63 주기도에 대해 추가로 덧붙일 말이 있습니까?

주기도에는 '나'라는 말이 한 구절도 나오지 않습니다. 대신 '우리'라는 말이 반복됩니다. 여기서 보듯, 주님이 원하시는 간구는 '나' 혼자가 아닌 '우리'를 위한 간구입니다. 이것이 뜻하는 바는, 신앙이란 나 혼자만의 외딴섬이 아니라 우리가 함께 이루어야 할 선한 사귐이라는 것입니다. 주님은 제자들에게 바로 이 점을 가르치셨습니다. 홀로 있는 그리스도인은 그리스도인이 아닙니다.

4. 세례[13]

두 팔 벌려 기도하기[14]

하나님, 주께서는 세례를 통해 우리를 주의 자녀로 삼아 주셨습니다. 세례 받은 우리로 하여금 죄에 대해 이기고 하나님의 뜻에 순종하여 살게 하소서. 유일하신 성부와 성령과 함께 영원히 살아 계셔서 다스리시는 우리 주 예수 그리스도의 이름으로 기도합니다. 아멘.

---

13 원문은 '거룩한 세례의 성례'(Das Sakrament der Heiligen Taufe)다.

14 초대교회 교인들이 숨어 지내던 카타콤베라고 하는 지하 동굴의 벽화 가운데 두 팔 벌려 하늘을 향해 기도하는 여성의 그림이 유명하다. 이를 오란테(Orante)라고 하는데, 이 오란테 자세는 초기 기독교 미술에서 언제나 여성으로 그려진다. 남자가 아니라 여자인 이유는, 남자와 달리 여자는 새로운 생명을 잉태하고, 그 생명을 품 안에 넣는 본성을 가지고 있기 때문이다. 기도란 이처럼 자신이 새로운 존재가 되며, 새로운 생명을 잉태해 내는 것이다. 하늘을 향해 두 팔 벌려 기도하는 여인의 벽화는 박해가 끝나고 새로운 미래가 도래하기를 희망하는 형상인데, 죽음의 현장 한가운데 있어도 하나님이 주시는 생명의 시간이 신앙인들에게 반드시 도래할 것을 믿는다는 신앙을 아로새긴 것이다.

묻고 답하기

1   '성사'^{聖事}란 무엇입니까?

성사는 보이지 않는 무한한 하나님의 은총이 보이는 유한한 물질 속에 들어온 것을 칭하는 말입니다. 그중에서도 그리스도께서 우리에게 '하라'고 명령하신 일이 성사입니다. 성례전^{聖禮典, sacrament}이라고도 부르는데, 이것을 믿음으로 수용하는 자는 누구든지 하나님의 은혜를 받을 수 있도록 예수님이 직접 세우신 은총의 통로입니다.

2   몇 가지 성례전이 있습니까?

세례와 성만찬 두 가지입니다.

세례의 본질

세례란 무엇입니까?

세례는 단순한 물이 아니라, 하나님의 명령을 담고 있고 그 말씀과 묶여 있는 물입니다.

그러한 하나님의 말씀이 어디에 기록되어 있습니까?

마태복음 마지막 장에 따르면, 우리 주 그리스도께서 이렇게 말씀하셨습니다. "너희는 가서 모든 민족을 제자로 삼아 아버지와 아들과 성령의 이름으로 세례를 베풀라." 마 28:19

3   세례 때 사용하는 물은 그냥 물이고, 세례는 그저 교회의 형식적인 예식 아닙니까?

예, 물은 단순한 물이고 세례식 역시 형식입니다. 하지만 형식은 언제나 내용을 담게 마련입니다. 내용과 형식은 분리되지 않습니다. "개념(형식) 없는 내용은 공허하고, 내용 없는 개념(형식)은 맹신입니다"(칸트). 그리스도께서 세례를 명령하셨고 하나님의 계명과 말씀이 그 물에 담겨 있다면, 이제 이 물은 단순한 물이 아니고 세례도 단순한 예식이 아닙니다. 세례 때 선포되는 계명과 말씀이 세례를 세례 되게 만드는 가장 중요한 요소이고, 그것을 담아내는 것이 물과 예전입니다. 이 세례를 통해 우리는 하나님의 약속대로 죄 씻음을 받습니다.

행 22:16 이제는 왜 주저하느냐. 일어나 주의 이름을 불러 세례를 받고 너의 죄를 씻으라 하더라.

4　왜 그 물에 하나님의 계명이 담겨 있다고 말합니까?

그리스도께서 이 물로 세례를 주라고 명령하셨고, 교회는 그 명령을 준행하여 세례를 베풀기 때문입니다.

마 28:18-20 예수께서 나아와 말씀하여 이르시되 하늘과 땅의 모든 권세를 내게 주셨으니 그러므로 너희는 가서 모든 민족을 제자로 삼아 아버지와 아들과 성령의 이름으로 세례를 베풀고 내가 너희에게 분부한 모든 것을 가르쳐 지키게 하라. 볼지어다. 내가 세상 끝날까지 너희와 항상 함께 있으리라 하시니라.

5　왜 하나님의 말씀과 묶여 있다고 말합니까?

성부, 성자, 성령의 이름이 이 물에 있기 때문입니다. 그 때문에 세례는 삼위일체 하나님이 임재하여 그분의 백성으로 맞아들이는 은총의 통로가 됩니다.

6　세례는 어떻게 받습니까?

그리스도의 명령을 받들어 교회의 거룩한 예식으로 거행합니다. 교회의 부름받은 목회자를 통해 진행하는데, 물에 들어가는 침례로 받거나 머리에 물을 부어 받게 됩니다. 그때 집례자는 이렇게 선언합니다. "나는 너에게 성부와 성자와 성령의 이름으로 세례를 주노라." 중요한 것은 삼위일체 하나님의 이름으로 세례를 베푼다는 것입니다. 이

때 교회 공동체는 이 세례의 확실한 증인이 됩니다.

고전 4:1 사람이 마땅히 우리를 그리스도의 일꾼이요 하나님의 비밀을 맡은 자로 여길지어다.

7 세례에서 가장 중요한 것은 무엇입니까?

하나님의 말씀입니다. 그 말씀이 성례전을 만듭니다.

참조. 『대교리문답』, 287-296.

8 누가 세례 받을 수 있습니까?

모든 사람, 남녀노소 누구나 받을 수 있습니다. 성인의 경우에는 신앙의 가르침을 받은 뒤 자신의 신앙을 고백하면 세례를 받을 수 있습니다. 그러나 자신의 신앙을 스스로 고백하지 못하는 유아의 경우에도 세례를 받을 수 있습니다.

참조. 행 8:26-39, 16:25-33.

9 유아세례의 근거는 무엇입니까?

성경에 이 명령이 있기 때문입니다. 그리스도께서 '모든' 사람에게 세례를 베풀라고 명령하셨는데, 유아도 여기에 포함됩니다. 그리스도께서는 자신에게 오는 사람을 구별하거나 차별하지 않으십니다. 아이들에게도 복된 하나님의 나라가 약속되어 있습니다.

마 28:19 너희는 가서 모든 민족을 제자로 삼아 아버지와 아들과 성령의 이름으로 세례를 베풀고.

행 2:38-39 베드로가 이르되 너희가 회개하여 각각 예수 그리스도의 이름으로 세례를 받고 죄 사함을 받으라. 그리하면 성령의 선물을 받으리니 이 약속은 너희와 너희 자녀와 모든 먼 데 사람 곧 주 우리 하나님이 얼마든지 부르시는 자들에게 하신 것이라.

막 10:13-16 사람들이 예수께서 만져 주심을 바라고 어린 아이들을 데리고 오매 제자들이 꾸짖거늘 예수께서 보시고 노하시어 이르시되 어린 아이들이 내게 오는 것을 용납하고 금하지 말라. 하나님의 나라가 이런 자의 것이니라. 내가 진실로 너희에게 이르노니 누구든지 하나님의 나라를 어린 아이와 같이 받들지 않는 자는 결단코 그곳에 들어가지 못하리라 하시고 그 어린 아이들을 안고 그들 위에 안수하시고 축복하시니라.

요 3:5 예수께서 대답하시되 진실로 진실로 네게 이르노니 사람이 물과 성령으로 나지 아니하면 하나님의 나라에 들어갈 수 없느니라.

10   죄를 짓지 않은 유아에게 세례가 필요합니까?

성경이 우리에게 가르치는 죄는 단순히 자범죄를 뜻하지 않습니다. 죄는 하나님과 우리의 관계가 깨진 것을 뜻합니다. 세례가 죄를 씻는다는 것은 하나님과 우리의 관계를 창조 때처럼 하나로 묶는다는 것을 의미합니다. 그러므로 유아에게도 세례는 여전히 유효합니다. 세례를 통하여 우리 모든 것의 주인은 더 이상 내 욕정, 세상, 마귀가 아니라 하나님이 됩니다.

시 51:7 우슬초로 나를 정결하게 하소서. 내가 정하리이다. 나의 죄를 씻어 주소서. 내가 눈보다 희리이다.

참조. 창 3:19, 롬 5:12-21, 6장.

11 교회는 유아에게 세례 준 것으로 책임을 다한 것입니까?

아닙니다. 교회 공동체는 세례 받은 아이를 그리스도의 진리 안에서 함께 양육할 책임을 지게 됩니다. 부모의 가정 교육으로부터 시작하여, 유아세례 때 함께 증인이 되었던 대부모, 그리고 세례식을 지켜보았던 모든 교회 성도들이 함께 책임을 져야 합니다. 이런 책임은 아이가 자라 신앙 교육(견신 교육)을 받고 스스로 신앙을 고백하는 견신례 또는 입교[15] 때까지 유지되어야 합니다.

마 28:19-20 그러므로 너희는 가서 모든 민족을 제자로 삼아 아버지와 아들과 성령의 이름으로 세례를 베풀고 내가 너희에게 분부한 모든 것을 가르쳐 지키게 하라. 볼지어다. 내가 세상 끝날까지 너희와 항상 함께 있으리라 하시니라.

벧전 2:2 갓난 아기들 같이 순전하고 신령한 젖을 사모하라. 이는 그로 말미암아 너희로 구원에 이르도록 자라게 하려 함이라.

---

15 루터는 '세례 받은 사람이라면 교회에서 성례전적 의미의 절차가 더 이상 필요 없다'고 하면서 대신 신앙에 대한 기초 교육이 필요하다는 점을 강조했다. 이런 필요 때문에 출간된 것이 기독교 최초의 교리 교육서인 루터의 『소교리문답』(1529)인데, 출간 이후 이 책은 청소년을 비롯한 신앙인들이 반드시 거쳐야 하는 교육서로 사용되었다(Theologische

신앙을 견고하게 세우고 교회 공동체가 확증한다는 뜻입니다. 견신의 교육 과정을 통해 유아 때 받은 세례를 믿음 가운데 스스로 고백하여, 교회 공동체 안에서 성인으로 자랐다는 것을 공표하는 과정입니다.

벧전 3:15-16 너희 마음에 그리스도를 주로 삼아 거룩하게 하고 너희 속에 있는 소망에 관한 이유를 묻는 자에게는 대답할 것을 항상 준비하되 온유와 두려움으로 하고 선한 양심을 가지라. 이는 그리스도 안에 있는 너희의 선행을 욕하는 자들로 그 비방하는 일에 부끄러움을 당하게 하려 함이라.

딤전 6:12 믿음의 선한 싸움을 싸우라. 영생을 취하라. 이를 위하여

Realenzyklopädie[TRE], Band 19: Die Konfirmation in der Reformationszeit, S. 437ff.). 이 교육은 후에 '견신례'(Konfirmation)라는 이름이 붙게 되는데, 루터는 단순히 '세례 후 신앙 교육 과정이 필요하다' 정도로 주장했던 반면, 슈트라스부르크의 개혁파 신학자 마르틴 부처(Martin Bucer, 1491-1551)는 이 교육 과정이 교회의 정식 의례가 되어야 할 것을 교회법에 규정하였다. 이것이 '견신' 또는 '입교'(入敎)의 개신교적 기원이다. 마르틴 부처가 만든 1539년 헤센의 '지겐하인 교회법'(Ziegenhaine Kirchenzuchtordnung)이 그 시작이다. 개신교의 견신례는 가톨릭의 일곱 가지 성례전 가운데 견진성사에 비견된다. 물론 개신교에서는 1520년 루터의 논문 『교회의 바벨론 포로』(De captivitate Babylonica ecclesiae) 이래로 견신례를 성례전에 포함하지 않는다. 하지만 현대 교회에서는 여전히 청소년의 신앙을 공적으로 확증하는 통과의례, 또는 다른 교파에서 세례 받은 교인이 교인 등록 절차를 거친 다음 공동체 일원으로 받아들이는 공적 절차로 입교를 행한다. 개신교 견신례와 가톨릭의 견진성사의 어원은 동일한 라틴어 'confirmatio'에서 유래한다. 이렇게 어원은 같지만 개신교 진영에서는 독일어로 번역할 때 '견고한 신앙을 확증하고 공인한다'(Befestigung, Bekräftigung, Bestätigung)는 뜻의 'Konfirmation'을 쓰는 반면, 가톨릭 진영에서는 이에 덧붙여 '신적 기름부음'이라는 뜻을 강조하는 용어 'Firmung'을 사용한다. 즉 같은 라틴어에서 유래했지만 개신교에서는 교회 공동체의 확증이라는 법적 절차에, 가톨릭에서는 성례전적 의미에 방점을 두었다. 정교회와 성공회 역시 가톨릭과 마찬가지로 성례전으로 받아들인다.

네가 부르심을 받았고 많은 증인 앞에서 선한 증언을 하였도다.

엡 3:14-19 이러므로 내가 하늘과 땅에 있는 각 족속에게 이름을 주신 아버지 앞에 무릎을 꿇고 비노니 그의 영광의 풍성함을 따라 그의 성령으로 말미암아 너희 속사람을 능력으로 강건하게 하시오며 믿음으로 말미암아 그리스도께서 너희 마음에 계시게 하시옵고 너희가 사랑 가운데서 뿌리가 박히고 터가 굳어져서 능히 모든 성도와 함께 지식에 넘치는 그리스도의 사랑을 알고 그 너비와 길이와 높이와 깊이가 어떠함을 깨달아 하나님의 모든 충만하신 것으로 너희에게 충만하게 하시기를 구하노라.

13 '입교'入敎란 무엇입니까?

교회마다 그 의미가 다를 수 있지만, 일반적으로 개교회 공동체의 일원이 된다는 법적 허입에 해당합니다. 입교 후에는 개교회에서 정한 규칙에 따라 권리와 책임을 부여받습니다.

세례의 목적

세례는 어떤 유익이 있습니까?

세례는 죄를 용서하고, 죽음과 마귀로부터 풀려나게 합니다. 또한 세례는 하나님의 약속과 말씀을 믿는 모든 이에게 영원한 복락을 안겨 줍니다.

그러한 하나님의 말씀과 약속이 어디에 기록되어 있습니까?

마가복음 마지막 장에 따르면, 우리 주 그리스도께서 이렇게 말씀하셨습니다. "믿고 세례를 받은 사람은 구원을 얻을 것이요 믿지 않는 사람은 정죄를 받으리라."^{막 16:16}

14 세례가 어떤 방식으로 죄를 용서합니까?

우리는 세례를 받으면서 그리스도의 공로로 죄를 씻음받고, 그리스도의 의의 옷을 덧입습니다.

행 2:38 베드로가 이르되 너희가 회개하여 각각 예수 그리스도의 이름으로 세례를 받고 죄 사함을 받으라. 그리하면 성령의 선물을 받으리니.

행 22:16 이제는 왜 주저하느냐. 일어나 주의 이름을 불러 세례를 받고 너의 죄를 씻으라 하더라.

고전 6:11 너희 중에 이와 같은 자들이 있더니 주 예수 그리스도의 이름과 우리 하나님의 성령 안에서 씻음과 거룩함과 의롭다 하심을 받았느니라.

갈 3:27 누구든지 그리스도와 합하기 위하여 세례를 받은 자는 그리스도로 옷 입었느니라.

15 '세례가 죽음으로부터 풀려나게 한다'는 것은 무슨 뜻입니까?

세례를 통해 죄 용서를 받았다는 것은 죽음의 공포에서 해방되었다는 뜻입니다. 그리스도는 사망의 권세에서 우리를 구해 내셨습니다. 죽음의 세력을 이길 힘을 얻게 된 우리를 생물학적 죽음이 더 이상 사로잡지 못합니다.

롬 6:3 무릇 그리스도 예수와 합하여 세례를 받은 우리는 그의 죽으심과 합하여 세례를 받은 줄을 알지 못하느냐.

고전 15:56-57 사망이 쏘는 것은 죄요 죄의 권능은 율법이라. 우리 주 예수 그리스도로 말미암아 우리에게 승리를 주시는 하나님께 감사하노니.

막 16:16 믿고 세례를 받는 사람은 구원을 얻을 것이요 믿지 않는 사람은 정죄를 받으리라.

벧전 3:21 물은 예수 그리스도께서 부활하심으로 말미암아 이제 너희를 구원하는 표니 곧 세례라. 이는 육체의 더러운 것을 제하여 버림이 아니요 하나님을 향한 선한 양심의 간구니라.

16 '세례가 마귀로부터 풀려나게 한다'는 것은 무슨 뜻입니까?

세례는 우리를 마귀가 아닌 하나님의 통치(나라) 가운데로 옮겨 놓습니다. 그 때문에 세례 받은 사람의 시민권은 언제나 하나님께 속해 있습니다. 악에 빠지더라도 우리에게는 다시 돌아올 복되고 선한 자리가 마련되어 있습니다. 이것이 곧 세례입니다.

골 1:12-14 우리로 하여금 빛 가운데서 성도의 기업의 부분을 얻기에 합당하게 하신 아버지께 감사하게 하시기를 원하노라. 그가 우리

를 흑암의 권세에서 건져내사 그의 사랑의 아들의 나라로 옮기셨으
니 그 아들 안에서 우리가 속량 곧 죄 사함을 얻었도다.

17 '세례가 영원한 복락을 안겨 준다'는 것은 무슨 뜻입니까?

세례를 통해 우리는 새롭게 태어납니다. 하나님의 자녀로
거듭났기 때문에 하나님께서 약속하신 모든 복된 유산을
기업으로 받게 됩니다.

딛 3:5 우리를 구원하시되 우리가 행한 바 의로운 행위로 말미암지
아니하고 오직 그의 긍휼하심을 따라 중생의 씻음과 성령의 새롭게
하심으로 하셨나니.

『대교리문답』 297. "이 구절은 세례의 모든 질문을 단 한곳으로 집중시
킵니다. 세례의 능력, 행위, 효과, 열매, 최종 목적 모두 '복됨'에 있습
니다. 그런데 복이라는 것은 다른 것이 아닙니다. 복이란 죄와 죽음
과 악마로부터 풀려나 그리스도의 나라 가운데서 그분과 함께 영원
히 사는 것입니다."

18 언제 그런 복이 임합니까?

하나님의 말씀과 그 약속을 믿고 받아들일 때입니다.

세례의 힘

어떻게 물이 그토록 큰일을 합니까?

물은 절대 그런 일을 못합니다. 그러나 하나님의 말씀이 물과 함께 그리고 그 곁에 있기 때문에 가능합니다. 그리고 신자는 바로 그 일을 행하는 하나님의 말씀이 물 가운데 있다는 것을 믿는 것입니다. 하나님의 말씀이 없다면 물은 물일 뿐, 세례가 될 수 없습니다. 그러나 하나님의 말씀이 세례의 물 가운데 있다면, 그것이야말로 은혜 가득한 생명의 물이며, 성령 안에서 거듭나게 하는 물이 됩니다. 바울은 디도서 3장에서 이렇게 말합니다.

"우리를 구원하시되 우리가 행한 바 의로운 행위로 말미암지 아니하고 오직 그의 긍휼하심을 따라 중생의 씻음과 성령의 새롭게 하심으로 하셨나니 우리 구주 예수 그리스도로 말미암아 우리에게 그 성령을 풍성히 부어 주사, 우리로 그의 은혜를 힘입어 의롭다 하심을 얻어 영생의 소망을 따라 상속자가 되게 하려 하심이라. 이 말이 미쁘도다. 원하건대 너는 이 여러 것에 대하여 굳세게 말하라. 이는 하나님을 믿는 자들로 하여금 조심하여 선한 일을 힘쓰게 하려 함이라. 이것은 아름다우며 사람들에게 유익하니라." 딛 3:5-8

19   세례의 효력은 어디서 생깁니까?

분명히 하나님의 말씀입니다. 이 말씀이 물에 깃들어 있기에 죄 사함의 힘이 있습니다. 다른 면으로 보자면, 믿음도 중요합니다. 세례의 물에 깃든 하나님의 말씀을 믿지 않는다면 아무런 소용이 없습니다.

20   하나님의 말씀이 없다면 그 세례는 무효입니까?

예, 그것은 그저 욕조물이나 다름없습니다. 하나님의 말씀이 거룩한 성례전을 만듭니다.

21   '성령 안에서 거듭나게 하는 물'이라는 것은 무슨 뜻입니까?

세례를 통해 성령께서 우리를 새로운 존재로 태어나게 합니다. 그리하여 선한 양심과 영원한 생명을 얻어 하나님의 뜻을 따라 거룩한 삶을 살게 됩니다.

세례의 열매

그와 같은 물세례는 이제 무슨 의미가 있습니까?

물세례란 매일의 통회와 참회입니다. 이것이 우리 안에 있는 옛 아담을 질식시키고, 모든 죄와 악한 욕망을 죽입니다. 그리고 (매일의 세례는) 우리를 매일 다시 태어나게 만듭니다. 그리하여 우리를 하나님 앞에서 의롭고 순결한 새 사람으로 부활하여 영원히 살게 합니다.

그러한 하나님의 말씀이 어디에 기록되어 있습니까?

사도 바울은 로마서 6장에서 이렇게 말합니다. "그러므로 우리가 그의 죽으심과 합하여 세례를 받음으로 그와 함께 장사되었나니 이는 아버지의 영광으로 말미암아 그리스도를 죽은 자 가운데서 살리심과 같이 우리로 또한 새 생명 가운데서 행하게 하려 함이라."_{롬 6:4}

22 '옛 아담'이란 무엇입니까?

옛 아담은 우리의 타고난 본성을 의미합니다. 아담이 죄를 범하여 하나님과 관계가 깨진 것처럼, 우리 역시 하나님과 관계가 깨진 상태입니다. 이것을 성경은 '죄의 상태'라고 부릅니다. 이 상태가 온전해지지 않는 한 죄의 삶을 살 수 밖에 없습니다.

롬 7:18 내 속 곧 내 육신에 선한 것이 거하지 아니하는 줄을 아노니 원함은 내게 있으나 선을 행하는 것은 없노라.

엡 4:22 너희는 유혹의 욕심을 따라 썩어져 가는 구습을 따르는 옛 사람을 벗어 버리고.

23 어떻게 옛 아담을 질식시킬 수 있습니까?

매일 자신을 돌아보며 통회하고 회개하는 '매일 세례'의 삶이 되어야 합니다. 세례 때 주어진 은총의 말씀이 악한 죄의 욕망을 제어하고 승리한 것처럼, 하나님의 말씀은 매 순간 올라오는 악한 욕망을 제어하고 싸워 이기게 합니다. 그리스도 안에서 세례 받은 사람은 그리스도께서 죽음을 이기고 부활하신 것처럼 모든 악을 이길 수 있습니다. 성령께서 이 일을 도우십니다.

갈 5:24 그리스도 예수의 사람들은 육체와 함께 그 정욕과 탐심을 십자가에 못 박았느니라.

엡 2:5 허물로 죽은 우리를 그리스도와 함께 살리셨고(너희는 은혜로 구원을 받은 것이라).

24   '새 사람'이란 무엇입니까?

세례를 통해 우리는 새로운 피조물이 되고, 그리스도께서 우리에게 약속하신 성령께서 우리를 하나님의 형상으로 빚어 갑니다. 그러므로 새로운 존재는 말씀과 함께 매일 선한 것을 생각하고, 선한 것을 실천하는 연습과 훈련으로 옛 아담을 이겨 내야 합니다.

엡 4:23-24 오직 너희의 심령이 새롭게 되어 하나님을 따라 의와 진리의 거룩함으로 지으심을 받은 새 사람을 입으라.

빌 3:10-11 내가 그리스도와 그 부활의 권능과 그 고난에 참여함을 알고자 하여 그의 죽으심을 본받아 어떻게 해서든지 죽은 자 가운데서 부활에 이르려 하노니.

25   사도 바울은 이것을 어떻게 설명합니까?

우리 안의 옛 아담을 십자가에 못 박고 그리스도와 함께 부활하는 것으로 가르칩니다.

롬 6:6-14 우리가 알거니와 우리의 옛 사람이 예수와 함께 십자가에 못 박힌 것은 죄의 몸이 죽어 다시는 우리가 죄에게 종 노릇 하지 아니하려 함이니 이는 죽은 자가 죄에서 벗어나 의롭다 하심을 얻었음이라. 만일 우리가 그리스도와 함께 죽었으면 또한 그와 함께 살 줄을 믿노니 이는 그리스도께서 죽은 자 가운데서 살아나셨으매 다시 죽지 아니하시고 사망이 다시 그를 주장하지 못할 줄을 앎이로라. 그가 죽으심은 죄에 대하여 단번에 죽으심이요 그가 살아 계심은 하나님께 대하여 살아 계심이니 이와 같이 너희도 너희 자신을 죄에 대하여는 죽은 자요 그리스도 예수 안에서 하나님께 대하여는 살아 있는 자로 여길지어다. 그러므로 너희는 죄가 너희 죽을 몸을 지배하지 못하게 하여 몸의 사욕에 순종하지 말고 또한 너희 지체를 불의의 무기로 죄에게 내주지 말고 오직 너희 자신을 죽은 자 가운데서 다시 살아난 자 같이 하나님께 드리며 너희 지체를 의의 무기로 하나님께 드리라. 죄가 너희를 주장하지 못하리니 이는 너희가 법 아래에 있지 아니하고 은혜 아래에 있음이라.

26 세례를 한마디로 어떻게 요약할 수 있습니까?

세례는 하나님의 말씀과 약속이 물과 하나 되어 있는 것입니다. 그러므로 내가 세례를 믿는다는 것은 곧 하나님이 거기 계신다는 것을 믿는 것입니다. 세례에 대한 이 믿음이 있는 한, 우리는 영원한 생명을 누릴 것입니다.

5. 성만찬[16]

서서 기도하기[17]

전능하시고 영원하신 하나님, 우리에게 신실하신 하나님을 믿을 수 있는 믿음을 허락하여 주소서. 주님이 베푸신 성찬을 통해 우리가 하나 되게 하시고, 주님이 우리를 살린 생명의 먹거리가 되신 것처럼, 우리도 세상을 살리는 밥이 되게 하소서. 유일하신 성부와 성령과 함께 영원히 살아 계셔서 다스리시는 우리 주 예수 그리스도의 이름으로 기도합니다. 아멘.

---

16 원문은 '거룩한 제단의 성례'(Das Sakrament des Altars oder das heilige Abendmahl)다.

17 서서 기도하는 가장 고전적인 예는 구약에 나오는 한나의 기도를 들 수 있다(삼상 1:26). 이 기도는 유대인들에게 익숙한 기도 자세였고, 신약에서도 이런 모습이 자주 나온다(마 6:5, 막 11:24, 눅 18:11 이하 등). 동방교회에서는 서서 기도하는 자세를 가장 기본으로 여긴다.

묻고 답하기

1 두 번째 성례전은 무엇입니까?

성만찬입니다. '성찬', '주의 만찬', '감사례' 등으로도 불립니다.

2 왜 '거룩한 제단의 성례'라고 합니까?

제단 곧 성찬대가 거룩한 게 아닙니다. 성찬대는 그저 단순한 식탁일 뿐입니다. 제사 드리는 제사상이 아닙니다. 감사와 축제의 장입니다. 이 식탁에는 그리스도께서 잡히시기 전날 밤 제자들과 마지막 식사를 나누며 제정하던 말씀이 있고, 그 명령대로 행한다면 그것은 거룩한 식탁이고 거룩한 성례전이 됩니다. 우리를 초대한 주인은 그리스도이시고, 그분이 자신의 몸을 내어 주는 복음을 이 자리에서 함께 듣게 됩니다. 그렇게 우리는 성찬을 나누며 하나가 되고, 이 기쁨과 감격을 일상에서 감사의 삶으로 나누게 됩니다. 고전 10:17 떡이 하나요 많은 우리가 한 몸이니 이는 우리가 다 한 떡

최초의 교회 공의회로 알려진 니케아 공의회 문서에 따르면, 부활의 시기에 그리스도인들은 무릎을 꿇지 않고 서서 기도해야 한다고 규정했다. 부활은 그리스도의 승리의 때이며 기쁨의 때이기에 주님의 승리를 찬양하며 기도하는 모습을 선 자세로 표현한 것이다. 여기에 더하여 서서 기도하는 자세는 약속된 미래를 미리 잡아 두는 상징이기도 하다. 이것을 '선취'(prolepsis, 先取)라고 하는데, 약속된 미래를 일어서서 미리 잡아챈다는 의미다. 앉아 있는 것보다 일어서는 게 좀 더 먼 곳을 바라볼 수 있는 이치와 같다.

에 참여함이라.

행 2:42 그들이 사도의 가르침을 받아 서로 교제하고 떡을 떼며 오로지 기도하기를 힘쓰니라.

고전 11:24 축사하시고 떼어 이르시되 이것은 너희를 위하는 내 몸이니 이것을 행하여 나를 기념하라 하시고.

3   성찬을 통해 우리가 배울 것은 무엇입니까?

성찬이 무엇인지, 그리고 그 유익이 무엇인지 배울 것입니다.

성만찬의 본질

'거룩한 제단의 성례'란 무엇입니까?

이것은 우리 그리스도인들이 먹고 마시라고 그리스도께서 명령하신 떡과 포도주입니다. 여기에 우리 주 예수 그리스도의 참 몸과 피가 있습니다.

그러한 말씀이 어디에 기록되어 있습니까?

거룩한 복음서 기자들인 마태와 마가와 누가, 그리고 사도 바울이 이렇게 기록하고 있습니다.

"받아서 먹으라. 이것은 너희를 위하여 주는 내 몸이라. 너희가 이를 행하여 나를 기념하라 하시고 또 잔을 가지사 감사 기도하시고 그들에게 주시며 이르시되 너희가 다 이것을 마시라. 이 잔은 죄 사함을 얻게 하려고 많은 사람을 위하여 흘리는 내 피로 세운 새 언약이니 이것을 행하여 마실 때마다 나를 기념하라. " 마 26:26-28, 막 14:22-24, 눅 22:19-20, 고전 11:23-25

4   누가 이 성례를 정하셨습니까?

그리스도께서 정하셨습니다. 그분이 잡히시기 전날 밤, 제자들과 최후의 만찬을 나눌 때 제정하셨습니다.

5   성찬 때 받는 것은 무엇입니까?

떡과 잔입니다. 이것은 주님의 참된 몸과 보혈입니다.

고전 10:16 우리가 축복하는 바 축복의 잔은 그리스도의 피에 참여함이 아니며 우리가 떼는 떡은 그리스도의 몸에 참여함이 아니냐.

6   성찬에 담긴 명령은 무엇입니까?

먹고 마실 때마다 그리스도를 기억하라는 것입니다.

7   무엇을 기억해야 합니까?

2천 년 전 제자들과 함께 계셨던 그리스도를 기억할 뿐만 아니라, 오늘 이 자리에도 임재하고 함께하시겠다는 그분의 약속을 기억하라는 뜻입니다. 거기에 더하여 그리스도의 수난과 십자가의 죽음, 부활, 그리고 그분이 다시 오실 약속까지 기억해야 합니다. 왜냐하면 이 모든 것이 바로 우리를 위한 하나님의 은혜이기 때문입니다.

고전 11:26 너희가 이 떡을 먹으며 이 잔을 마실 때마다 주의 죽으심을 그가 오실 때까지 전하는 것이니라.

성만찬의 유익

그렇게 먹고 마시면 어떤 유익이 있습니까?

말씀은 우리에게 이렇게 전합니다. "이것은 너희를 위하여 주는 내 몸이요 죄 사함을 얻게 하려고 너희를 위하여 흘리는 내 피다." 이 말씀을 통해 죄 용서의 성례는 우리에게 생명과 복을 제공합니다. 왜냐하면 죄 용서가 있는 곳에는 언제나 생명과 하늘의 복이 있기 때문입니다.

8   성찬의 유익은 무엇입니까?

죄 용서입니다.

9   그것은 어디에 근거한 것입니까?

성경에 기록된 그리스도의 말씀입니다.

마 26:28 이것은 죄 사함을 얻게 하려고 많은 사람을 위하여 흘리는
바 나의 피 곧 언약의 피니라.

10   죄를 용서받는 것이 우리와 무슨 상관이 있습니까?

죄를 용서받는다는 것은 하나님과의 관계가 온전해진다는
뜻입니다. 그러므로 죄 용서는 새롭게 시작되는 복된 삶
입니다. 이것을 다른 말로 영원한 생명과 구원을 얻는다고
표현합니다.

롬 6:12-13 그러므로 너희는 죄가 너희 죽을 몸을 지배하지 못하게
하여 몸의 사욕에 순종하지 말고 또한 너희 지체를 불의의 무기로 죄
에게 내주지 말고 오직 너희 자신을 죽은 자 가운데서 다시 살아난
자 같이 하나님께 드리며 너희 지체를 의의 무기로 하나님께 드리라.

11   성찬을 기회가 있을 때마다 해야 하는 이유는 무엇입니까?

그리스도께서 그렇게 하라고 명령하셨기 때문입니다. 밥
을 먹어 몸을 튼튼하게 만드는 것처럼, 성찬은 우리의 신
앙을 강하게 만드는 영혼의 양식입니다.

12   성찬을 받은 다음에는 어떻게 살아야 합니까?

성찬을 받은 우리는 하나 된 그리스도의 몸이 됩니다. 이

제 우리는 그리스도의 사랑과 평화가 온 세상에 퍼지도록 힘써야 합니다.

고전 10:17 떡이 하나요 많은 우리가 한 몸이니 이는 우리가 다 한 떡에 참여함이라.

고후 5:17-19 그런즉 누구든지 그리스도 안에 있으면 새로운 피조물이라. 이전 것은 지나갔으니 보라 새것이 되었도다. 모든 것이 하나님께로서 났으며 그가 그리스도로 말미암아 우리를 자기와 화목하게 하시고 또 우리에게 화목하게 하는 직분을 주셨으니 곧 하나님께서 그리스도 안에 계시사 세상을 자기와 화목하게 하시며 그들의 죄를 그들에게 돌리지 아니하시고 화목하게 하는 말씀을 우리에게 부탁하셨느니라.

성만찬의 작용

먹고 마시는 것으로 어찌 그렇게 큰일을 할 수 있습니까? 먹고 마셔서 그렇게 되는 게 아닙니다. 거기에 말씀이 있기에 가능한 것입니다. "이것은 너희를 위하여 주는 내 몸이요 죄 사함을 얻게 하려고 너희를 위하여 흘리는 내 피다." 먹고 마시는 일이 아니라 바로 이 말씀이 성례의 근간입니다.[18] 이 말씀을 믿고 받는 자는 이 말씀이 전하고 쓰여진 그대로 죄를 용서받습니다.

13 먹고 마시면 자동적으로 죄를 용서받는 것 아닙니까?

아니요, 그렇지 않습니다. 거기에 말씀이 없다면 아무것도 아닙니다. 그 말씀을 믿지 않는 한 아무 유익이 없습니다.

14 그러면 무엇이 죄를 사하여 줍니까?

그리스도의 말씀입니다. "이것은 너희를 위하여 주는 내 몸이요 죄 사함을 얻게 하려고 너희를 위하여 흘리는 내 피다"라는 그리스도의 말씀이 아무것도 아닌 식탁을 거룩한 성례로 만들고, 우리의 죄를 참으로 용서하는 은총의 통로로 만들어 놓았습니다.

15 성찬 때 우리는 어떻게 죄 사함을 받습니까?

믿음입니다. 그리스도의 약속과 말씀을 신뢰하는 믿음으로 우리는 죄를 용서받고, 하나님과의 관계가 온전해집니다.

---

18 참조, 마르틴 루터, 『탁상담화』, 1532. 12 Nr. 394.(WA TR 1, 171, [Nr. 394, 1532, 12]). "말씀이 세례에서 가장 중요합니다. 만일 물이 없는 비상상황이라면 물 대신 맥주를 사용해도 상관없습니다." 루터의 성례전 신학에서 중요한 것은 매개하는 물질이 아니라 그리스도의 말씀이다.

성만찬의 자격

누가 성찬을 받을 자격이 있습니까?[19]

금식하며 몸으로 준비하는 일은 아주 좋은 훈련입니다. 그러나 성찬 받기에 합당하며 잘 준비가 된 사람은 오직 이 말씀을 믿는 사람입니다. "이것은 너희를 위하여 주는 내 몸이요 죄 사함을 얻게 하려고 너희를 위하여 흘리는 내 피다."

이 말씀을 믿지 못하고 의심하는 자는 성찬 받기에 합당하지 않고 준비되지 않은 사람입니다. 왜냐하면 "너희를 위하여"라는 이 말씀은 그리스도의 마음으로 완전히 믿을 것을 요구하고 있기 때문입니다.

16 성찬을 받기 위해 금식이나 금욕적인 훈련으로 준비해야 합니까?

신앙에서 금식과 금욕은 좋은 훈련입니다. 하지만 그리스

---

19 세례 받고 먹는 것(성찬)인지, 아니면 먹고 세례 받는 것인지에 대한 순서를 루터가 직접 설명한 구절은 찾을 수 없다. 다만, 루터에게 성찬의 자격과 기준은 언제나 죄 용서에 대한 말씀을 믿으며 "은총과 위로를 갈구하는 자"(『마르틴 루터 대교리문답』 최주훈 역, 347.)라는 것과, "그리스도의 제자가 되고자 하는 사람이라면 반드시 성만찬을 마음껏 향유해야 한다"(앞의 책, 341)는 것이다. 아이들에게 성찬을 나누어 줄 수 있는가의 문제에 대해서는 『탁상담화』(WA TR 1, 154f.[Nr. 365, 1532])를 통해 살펴볼 수 있다. "초대교회로부터 성찬이 아이들에게 주어지는 것을 교회는 금하고 있지 않다."

도께서는 그런 것을 하라고 명령하신 적이 없습니다. 반대로 하지 말라고 한 적도 없습니다.

17   그러면 가장 좋은 준비는 무엇입니까?

오직 말씀을 온전히 신뢰하는 믿음밖에 없습니다. 주님은 이 성찬을 통해 "너희의 죄를 용서하겠다"고 약속하셨습니다. 그러므로 죄를 용서해 주겠다는 주님의 은총을 갈구하며 나오는 사람이 가장 좋은 준비를 한 것입니다.

18   성찬을 대하는 가장 나쁜 태도는 무엇입니까?

말씀을 믿지 않거나 의심하는 태도입니다.

19   왜 그런 태도가 나쁩니까?

주님은 성찬을 베풀며 "이것은 **너희를 위하여 주는 것**"이라고 말씀하셨기 때문입니다. 그러므로 '나를 위한' 주님의 말씀을 믿지 않는다면, 성찬은 나와 아무런 상관이 없는 일이 됩니다. 설교가 다수를 위한 그리스도의 $^{Christus\ pro\ nobis}$ 말씀이라면, 성찬은 '나를 위한' 그리스도의 $^{Christus\ pro\ me}$ 말씀입니다.

20   '성찬 받기에 합당하지 않다'는 것은 무슨 뜻입니까?

믿지 않고 먹고 마시는 자는 자신의 죄를 먹고 마신다는 뜻입니다. 이것은 곧 불신앙에 대한 심판입니다.

고전 11:27-29 그러므로 누구든지 주의 떡이나 잔을 합당하지 않게 먹고 마시는 자는 주의 몸과 피에 대하여 죄를 짓는 것이니라. 사람이 자기를 살피고 그 후에야 이 떡을 먹고 이 잔을 마실지니 주의 몸을 분별하지 못하고 먹고 마시는 자는 자기의 죄를 먹고 마시는 것이니라.

21 믿음이 약한 사람, 범죄자, 소외계층이나 소수자도 성찬을 받을 수 있습니까?

예, 당연히 받을 수 있습니다. 아니, 정확히 말하자면, 그들이야말로 성찬을 받아야 할 사람입니다. 배신자 가룟 유다도 주님의 만찬에 초대되었습니다. 이 식탁은 누구에게나 열려 있고 차별이 없습니다. 게다가 스스로 성찬을 받을 만한 자격이 없다고 생각하는 사람이야말로 성찬에 가장 합당한 사람입니다. 하나님의 은총을 갈급히 구하는 자에게 주님은 배불리 먹여 주시고, 그들의 믿음을 강하게 만드십니다.

막 9:24 곧 그 아이의 아버지가 소리를 질러 이르되 내가 믿나이다. 나의 믿음 없는 것을 도와주소서 하더라.

사 42:3 상한 갈대를 꺾지 아니하며 꺼져가는 등불을 끄지 아니하고 진실로 정의를 시행할 것이며.

요 6:37 아버지께서 내게 주시는 자는 다 내게로 올 것이요 내게 오는 자는 내가 결코 내쫓지 아니하리라.

성찬을 받기 전에 우리가 스스로 살펴야 할 것은 무엇입니까?

기도에 열심을 다하며 자신의 몸과 마음을 돌아보아야 합니다. 하나님 앞에 회개할 것이 무엇인지, 사람과의 관계에서 바로잡아야 할 것이 무엇인지, 자신이 위로받아야 할 것이 무엇인지 믿음 가운데 성찰하는 것은 중요합니다.

시 139:23-24 하나님이여, 나를 살피사 내 마음을 아시며 나를 시험하사 내 뜻을 아옵소서. 내게 무슨 악한 행위가 있나 보시고 나를 영원한 길로 인도하소서.

마 5:6 의에 주리고 목마른 자는 복이 있나니 그들이 배부를 것임이요.

마 5:23-24 그러므로 예물을 제단에 드리려다가 거기서 네 형제에게 원망들을 만한 일이 있는 것이 생각나거든 예물을 제단 앞에 두고 먼저 가서 형제와 화목하고 그 후에 와서 예물을 드리라.

마 11:28-30 수고하고 무거운 짐 진 자들아, 다 내게로 오라. 내가 너희를 쉬게 하리라. 나는 마음이 온유하고 겸손하니 나의 멍에를 메고 내게 배우라. 그리하면 너희 마음이 쉼을 얻으리니 이는 내 멍에는 쉽고 내 짐은 가벼움이라 하시니라.

히 10:19-22 그러므로 형제들아, 우리가 예수의 피를 힘입어 성소에 들어갈 담력을 얻었나니 그 길은 우리를 위하여 휘장 가운데로 열어 놓으신 새로운 살 길이요 휘장은 곧 그의 육체니라. 또 하나님의 집 다스리는 큰 제사장이 계시매 우리가 마음에 뿌림을 받아 악한 양심으로부터 벗어나고 몸은 맑은 물로 씻음을 받았으니 참 마음과 온전한 믿음으로 하나님께 나아가자.

성찬은 그리스도의 말씀으로 약속된 몸과 피를 먹고 마시며, 그분이 나와 항상 함께하신다는 것을 몸에 새기는 거룩한 일입니다. 그렇게 성찬을 나눈 사람들은 이 감격을 일상 속에서 이웃과 함께 나눌 책임도 부여받게 됩니다. 성찬은 그리스도의 임재臨在하심을 나타냅니다. 그러나 동시에 성찬은 우리가 살아가는 세상에서 경험하는 그리스도의 부재不在를 준비하는 것이기도 합니다. 하나님이 없는 것 같은 험한 세파 속에서도 우리 안에 그리스도께서 살아 계심을 믿게 하는 것이 성찬입니다.

행 2:42 그들이 사도의 가르침을 받아 서로 교제하고 떡을 떼며 오로지 기도하기를 힘쓰니라.

성구색인

119:105 94

127:1 252

136:25 72

139:1-4 103, 167

139:16 178

139:23-24 302

143:10 248

145:15-16 71, 177, 252

146:3-4 101

147:9-11 72

잠언

3:5 100

11:13 146

19:5 146

19:17 144

25:9 146

30:7-9 254

30:17 128

31:8-9 150

이사야

5:20 114

6:3 102, 167, 173

8:19 113

9:6-7 183

11:1-2 182

28:29 105

41:10 105

42:3 301

42:8 99, 157

49:15 105

53:3 187

53:4-5 195

55:11 243

57:15 236

58:7 134

63:16 234

65:6-7 158

65:24 229

예레미야

2:19 159

3:12-13 244

5:24 252

9:24 97

22:13 142

23:23-24 102

23:28 238

23:31 122

27:5 141

31:3 99

31:18 203

에스겔

17:18-21 110

18:17 158

22:26 240

다니엘

9:18 257

호세아

2:19-20 157

아모스

3:6 176

미가

5:1 186

6:8 89

말라기

1:11 245

2:10 132, 171

마태복음

1:21 182, 184

4:1-11 174

4:10 100

5장 133

5:6 302

5:16 94, 238

5:17 88

5:21-22 129

5:23-24 302

5:25 135

5:27-28 137

5:34-37 108